PAPST FRANZISKUS

Glaubwürdig

JAHRESLESEBUCH 2019

benno

SENDE AUS DEINEN GEIST

Herr Jesus Christus,
du hast uns gelehrt, barmherzig zu sein
wie der himmlische Vater, und uns gesagt,
wer dich sieht, sieht ihn. Zeig uns dein Angesicht,
und wir werden Heil finden.

Dein liebender Blick befreite Zachäus und Matthäus
aus der Sklaverei des Geldes;
erlöste die Ehebrecherin und Maria Magdalena
davon, das Glück nur in einem Geschöpf zu suchen;
ließ Petrus nach seinem Verrat weinen
und sicherte dem reumütigen Schächer
das Paradies zu.

2019

Du bist das sichtbare Antlitz
des unsichtbaren Vaters
und offenbarst uns den Gott,
der seine Allmacht vor allem in der Vergebung
und in der Barmherzigkeit zeigt.

Du wolltest,
dass deine Diener selbst
der Schwachheit unterworfen sind,
damit sie Mitleid verspüren mit denen,
die in Unwissenheit und Irrtum leben.
Schenke allen, die sich an sie wenden,
die Erfahrung, von Gott erwartet und geliebt zu sein
und bei ihm Vergebung zu finden.

Dienstag

JANUAR

01

NEUJAHR, GOTTESMUTTER MARIA

Wilhelm von Dijon, Clarus

SENDUNG DES HEILS

Heute, am Hochfest der Gottesmutter Maria, wenden wir die Augen der Mutter zu, wobei wir aber beide in ihrem tiefen Verbundensein erfassen. Diese Verbindung erschöpft sich nicht in der Tatsache, geboren zu haben und geboren worden zu sein. Jesus ist für eine Sendung des Heils »geboren von einer Frau« (Gal 4,4), und seine Mutter ist von dieser Sendung nicht ausgeschlossen, im Gegenteil, sie ist mit dieser zutiefst vereint. Maria ist sich dessen bewusst und verschließt sich nicht, indem sie nur ihre mütterliche Beziehung zu Jesus betrachtet, sondern sie bleibt gegenüber allen Ereignissen, die sich um ihn herum zutragen, offen und achtsam.

Angelus zum Hochfest der Gottesmutter Maria und 50. Weltfriedenstag am 1. Januar 2017

IN STILLE VERSTEHEN

[Maria] bewahrt alles und denkt darüber nach, sie beobachtet und vertieft, wie das heutige Evangelium sagt (vgl. Lk 2,19). Sie hat ihr »Ja« schon gesagt und ihre Bereitschaft zum Ausdruck gebracht, in die Verwirklichung von Gottes Heilsplan einbezogen zu werden: »Er zerstreut, die im Herzen voll Hochmut sind; er stürzt die Mächtigen vom Thron und erhöht die Niedrigen. Die Hungernden beschenkt er mit seinen Gaben und lässt die Reichen leer ausgehen« (Lk 1,51-53). Nun versucht sie, in Stille und aufmerksam zu verstehen, was Gott Tag für Tag von ihr will.

Angelus zum Hochfest der Gottesmutter Maria und 50. Weltfriedenstag am 1. Januar 2017

AUFMERKSAM VERFOLGEN

Der Besuch der Hirten bietet [Maria] die Gelegenheit, einige Elemente des Willens Gottes zu erfassen, der sich in der Gegenwart dieser niedrigen und armen Menschen zeigt. Der Evangelist Lukas berichtet uns vom Besuch der Hirten in der Grotte mit einer drängenden Aufeinanderfolge von Verben, die Bewegung zum Ausdruck bringen. Er sagt: Sie eilen, ohne zu zögern, sie finden das Kind mit Maria und Josef, sie sehen es, sie erzählen, was ihnen über dieses Kind gesagt worden war, und schließlich preisen sie Gott (vgl. Lk 2,16-20). Maria verfolgt aufmerksam dieses Kommen, was die Hirten sagen, was ihnen geschehen ist, da sie darin bereits die Bewegung des Heils erkennt, das vom Werk Jesu ausgehen wird, und sie fügt sich, bereit für jede Forderung des Herrn.

Angelus zum Hochfest der Gottesmutter Maria und 50. Weltfriedenstag am 1. Januar 2017

UNENDLICHE DANKBARKEIT

Gott fordert von Maria, nicht nur die Mutter seines eingeborenen Sohnes zu sein, sondern auch mit dem Sohn und für den Sohn am Heilsplan mitzuwirken, damit in ihr, der niedrigen Magd, die großen Werke der göttlichen Barmherzigkeit zur Erfüllung gelangen. Und während wir nun wie die Hirten das Bild des Kindes im Arm seiner Mutter betrachten, spüren wir, wie in unserem Herzen ein Gefühl unendlicher Dankbarkeit gegenüber der Frau wächst, die der Welt den Heiland geschenkt hat. Daher wollen wir ihr am ersten Tag eines neuen Jahres sagen:

Angelus zum Hochfest der Gottesmutter Maria und 50. Weltfriedenstag am 1. Januar 2017

Samstag

JANUAR

05

Ämiliana (Emilie), Gerlach, Eduard

HEILIGE MUTTERGOTTES

Danke, o heilige Mutter des Gottessohnes Jesus!
Heilige Muttergottes!
Danke für deine Demut, die den Blick Gottes
auf sich gezogen hat;
danke für den Glauben, mit dem du sein Wort
angenommen hast;
danke für den Mut, mit dem du gesagt hast:
»Ich bin bereit«,
dich selbst vergessend,
fasziniert von der heiligen Liebe,
ganz eins mit seiner Hoffnung.
Danke, o heilige Muttergottes!
Bitte für uns, Pilger in der Zeit!
Hilf uns, auf dem Weg des Friedens zu gehen.
Amen!

Angelus zum Hochfest der Gottesmutter Maria
und 50. Weltfriedenstag am 1. Januar 2017

Sonntag

ERSCHEINUNG DES HERRN, EPIPHANIE

Kaspar, Melchior, Balthasar

06 JANUAR

DEN HERRN SEHEN

Im heutigen Evangelium verleiht der Bericht von den Sterndeutern, die aus dem Osten nach Betlehem kommen, um den Messias anzubeten, dem Fest der Erscheinung des Herrn einen universalen Atem. Es ist der Atem der Kirche, die will, dass alle Völker der Erde Jesus begegnen und seine barmherzige Liebe verspüren können. Genau darin besteht der Wunsch der Kirche: dass sie die Barmherzigkeit Jesu, seine Liebe finden. Der Messias ist gerade erst zur Welt gekommen, er kann noch nicht sprechen, und alle Völker – die durch die Sterndeuter repräsentiert werden – können ihm bereits begegnen, ihn erkennen, ihn anbeten. Die Sterndeuter sagen: »Wir haben seinen Stern aufgehen sehen und sind gekommen, um ihm zu huldigen« (Mt 2,2).

Angelus zum Hochfest der Erscheinung des Herrn am 6. Januar 2016

Montag

JANUAR

07

Raimund von Peñafort, Valentin von Rätien, Sigrid, Reinhold, Knud

WÄRME BRINGEN

Von je her hat die Kirche in ihnen das Bild der gesamten Menschheit gesehen, und mit der [...] Feier des Hochfests der Erscheinung des Herrn will sie gleichsam respektvoll einem jeden Mann und einer jeden Frau dieser Welt das Kind zeigen, das zum Heil aller geboren wurde. An Weihnachten hat sich Jesus den Hirten gezeigt, niedrig gestellten und wenig geachteten Männern, die von einigen als »Gesindel« bezeichnet wurden. Sie waren die Ersten, die ein wenig Wärme in jene kalte Grotte von Betlehem gebracht haben. Nun kommen die Sterndeuter aus fernen Ländern, auch sie wurden auf geheimnisvolle Weise von jenem Kind angezogen.

Angelus zum Hochfest der Erscheinung des Herrn am 6. Januar 2016

Dienstag

Severin von Noricum,
Erhard von Regensburg

08 JANUAR

GOTT ÜBERRASCHT

Die Hirten und die Sterndeuter unterscheiden sich sehr voneinander. Eines aber verbindet sie: der Himmel. Die Hirten von Betlehem eilten nicht deswegen sofort los, um Jesus zu sehen, weil sie besonders gut gewesen wären, sondern weil sie in der Nacht wachten, die Augen zum Himmel erhoben und so ein Zeichen sahen, sie hörten seine Botschaft und folgten ihm. So auch die Sterndeuter: Sie erforschten den Himmel, sie sahen einen neuen Stern, sie deuteten das Zeichen und machten sich aus der Ferne auf den Weg. Die Hirten und die Sterndeuter lehren uns, dass es für die Begegnung mit Jesus notwendig ist, den Blick zum Himmel zu erheben, nicht auf sich selbst zurückgebeugt zu sein, auf den eigenen Egoismus, sondern das Herz und den Sinn offen für die Horizonte Gottes zu haben, der uns immer überrascht.

Angelus zum Hochfest der Erscheinung des Herrn am 6. Januar 2016

Mittwoch

JANUAR

09

Julian von Antinoë, Eberhard von Schäftlarn, Hadrian von Canterbury

DAS LICHT SEHEN

Als die Sterndeuter, so die Worte des Evangeliums, »den Stern sahen, wurden sie von sehr großer Freude erfüllt« (Mt 2,10). Auch für uns liegt großer Trost darin, den Stern zu sehen, das heißt uns geführt und nicht unserem Schicksal überlassen zu wissen. Und der Stern ist das Evangelium, das Wort des Herrn, wie der Psalm sagt: »Dein Wort ist meinem Fuß eine Leuchte, ein Licht für meine Pfade« (119,105). Dieses Licht führt uns zu Christus. Ohne auf das Evangelium zu hören ist es unmöglich, ihm zu begegnen! Denn dadurch, dass die Sterndeuter dem Stern folgten, gelangten sie bis zu dem Ort, an dem sich Jesus befand. Und dort »sahen das Kind und Maria, seine Mutter; da fielen sie nieder und huldigten ihm« (Mt 2,11).

Angelus zum Hochfest der Erscheinung des Herrn am 6. Januar 2016

Donnerstag

Gregor X., Paulus von Theben,
Wilhelm von Donjeon

10 JANUAR

DEN SINN SUCHEN

Die Erfahrung der Sterndeuter mahnt uns dazu, uns nicht mit der Mittelmäßigkeit zu begnügen, nicht einfach so »vor uns hin zu leben«, sondern den Sinn der Dinge zu suchen, voll Leidenschaft das große Geheimnis des Lebens zu erforschen. Und sie lehrt uns, uns nicht über die Kleinheit und Armut zu entrüsten, sondern die Erhabenheit in der Demut zu erkennen und vor ihr in die Knie fallen zu können. Die Jungfrau Maria, die die Sterndeuter in Betlehem empfangen hat, helfe uns, den Blick von uns selbst weg nach oben zu richten, uns vom Stern des Evangeliums führen zu lassen, um Jesus zu begegnen, und uns niedrig werden lassen zu können, um ihm zu huldigen. So werden wir den anderen einen Strahl seines Lichts bringen und mit ihnen die Freude des Wegs teilen können.

Angelus zum Hochfest der Erscheinung des Herrn am 6. Januar 2016

Freitag

JANUAR

11

Paulinus von Aquileja,
Francesco A. Placidi

DER HERR IST GEGENWÄRTIG

Die Eucharistie ist ein wunderbares Ereignis, in dem Jesus Christus, unser Leben, gegenwärtig wird. An der Messe teilzunehmen bedeutet »das Leiden und den Heil bringenden Tod des Herrn noch einmal zu erleben. Es ist eine Theophanie: Der Herr wird gegenwärtig auf dem Altar, um dem Vater dargebracht zu werden für das Heil der Welt« (Predigt in der heiligen Messe, Gästehaus Santa Marta, 10. Februar 2014). Der Herr ist dort mit uns, gegenwärtig.

Generalaudienz am 8. November 2017

Samstag

12 JANUAR

Bernardo, Ernst,
Tatjana von Rom

DIE KRAFT DES GOTTESDIENSTES

Wenn du in die Messe gehst, dann ist der Herr dort! Und du bist abgelenkt. Es ist der Herr! Wir müssen daran denken. »Vater, die Messen sind doch langweilig.« – »Was sagst du da, der Herr ist langweilig?« – »Nein, […] nicht die Messe, sondern die Priester.« – »Dann müssen die Priester sich bekehren, aber der Herr ist dort!« […] Vergesst das nicht. »An der Messe teilzunehmen bedeutet, das Leiden und den Heil bringenden Tod des Herrn noch einmal zu erleben.«

Generalaudienz am 8. November 2017

Sonntag

JANUAR 13

TAUFE DES HERRN
Gottfried von Kappenberg,
Ivette von Huy (Jutta)

DER TAUFE GEDENKEN

Am heutigen Sonntag feiern wir die Taufe Jesu und gedenken dankbar unserer eigenen Taufe. [...] Das Evangelium zeigt uns Jesus an den Wassern des Flusses Jordan im Mittelpunkt einer wunderbaren göttlichen Offenbarung. Der heilige Lukas schreibt: »Zusammen mit dem ganzen Volk ließ auch Jesus sich taufen. Und während er betete, öffnete sich der Himmel und der Heilige Geist kam sichtbar in Gestalt einer Taube auf ihn herab, und eine Stimme aus dem Himmel sprach: Du bist mein geliebter Sohn, an dir habe ich Gefallen gefunden« (Lk 3,21-22). Auf diese Weise wird Jesus gesalbt und vom Vater als der Messias, Heiland und Befreier, offenbart.

Angelus zum Fest der Taufe des Herrn am 10. Januar 2016

Montag

Felix von Nola,
Reiner von Arnsberg

14 JANUAR

DEN HEILIGEN GEIST EMPFANGEN

[Mit der Taufe Jesu, die von allen vier Evangelien bezeugt wird – ist es zu einem Übergang von der Taufe Johannes des Täufers, die im Symbol des Wassers gründete, zur Taufe Jesu »mit dem Heiligen Geist und mit Feuer« (Lk 3,16) gekommen. Der Heilige Geist nämlich ist in der christlichen Taufe der maßgebliche Vollbringer: Er ist es, der die Erbsünde zerstört und verbrennt und so dem Getauften die Schönheit der göttlichen Gnade erstattet; er ist es, der uns von der Herrschaft der Finsternis, das heißt von der Sünde befreit und uns in das Reich des Lichts, das heißt der Liebe, der Wahrheit und des Friedens versetzt: Das ist das Reich des Lichts. Denken wir nur daran, zu welcher Würde uns die Taufe erhebt!

Angelus zum Fest der Taufe des Herrn am 10. Januar 2016

Dienstag

JANUAR 15

Arnold Janssen, Konrad II.,
Maurus von Subiaco, Romedius von Tavon

DAS HERZ ÖFFNEN

»Seht, wie groß die Liebe ist, die der Vater uns geschenkt hat: Wir heißen Kinder Gottes und wir sind es« (1 Joh 3,1), ruft der Apostel Johannes aus. Diese wunderbare Wirklichkeit der Gotteskindschaft bringt die Verantwortung mit sich, Jesus, dem gehorsamen Diener, nachzufolgen und in uns selbst seine Züge anzunehmen: also Sanftmut, Demut, Zärtlichkeit. Und das ist nicht leicht, besonders wenn um uns herum viel Intoleranz, Hochmut, Härte ist. Doch mit der Kraft, die uns aus dem Heiligen Geist erwächst, ist es möglich! Der Heilige Geist, den wir zum ersten Mal am Tag unserer Taufe empfangen haben, öffnet uns das Herz für die Wahrheit, für die ganze Wahrheit. Der Geist drängt unser Leben auf den anspruchsvollen, doch frohen Pfad der Nächstenliebe und der Solidarität.

Angelus zum Fest der Taufe des Herrn am 10. Januar 2016

ERLÖSUNG FINDEN

Versuchen wir […], uns einige einfache Fragen zu stellen. Zum Beispiel: Warum macht man zu Beginn der Messe das Kreuzzeichen und spricht den Bußakt? […] Habt ihr gesehen, wie die Kinder sich bekreuzigen? Man weiß nicht, was sie tun, ob es das Kreuzzeichen ist oder ob sie ein Bild malen. […] Man muss die Kinder lehren, das Kreuzzeichen richtig zu machen. So beginnt die Messe, so beginnt das Leben, so beginnt der Tag. Das bedeutet, dass wir durch das Kreuz des Herrn erlöst sind.

Generalaudienz am 8. November 2017

Donnerstag

JANUAR

17

Antonius der Große,
Beatrix von Cappenberg

ERHEBET DIE HERZEN

Warum sagt der Priester, der in der Feier den Vorsitz hat, an einem bestimmten Punkt: »Erhebet die Herzen«? Er sagt nicht: »Erhebet die Handys, um ein Foto zu machen«! Nein, das ist etwas Schlechtes! Und ich sage euch, dass es auch mich sehr traurig macht, wenn ich hier auf dem Petersplatz oder in der Basilika die Messe feiere und sehe, dass viele Menschen das Handy hochhalten, nicht nur Gläubige, sondern auch einige Priester und sogar Bischöfe. Ich bitte euch! Die Messe ist keine Show: Sie bedeutet, dem Leiden und der Auferstehung des Herrn zu begegnen. Daher sagt der Priester: »Erhebt die Herzen.«

Generalaudienz am 8. November 2017

Freitag

Margarete von Ungarn, Priska (Priscilla), Beatrix II. von Este

18 JANUAR

ZEICHEN DER LIEBE GOTTES

Es ist sehr wichtig, zu den Grundlagen zurückzukehren, das Wesentliche zu entdecken, durch das, was man in der Feier der Sakramente berührt und sieht. Die Bitte des heiligen Apostels Thomas (vgl. Joh 20,25), die Male der Nägel im Leib Jesu sehen und berühren zu dürfen, ist der Wunsch, Gott irgendwie »berühren« zu können, um an ihn zu glauben. Worum der heilige Thomas den Herrn bittet, ist das, was wir alle brauchen: ihn sehen, ihn berühren, um ihn erkennen zu können. Die Sakramente kommen diesem menschlichen Bedürfnis entgegen. Die Sakramente, und insbesondere die Eucharistiefeier, sind die Zeichen der Liebe Gottes, die Königswege, um ihm zu begegnen.

Generalaudienz am 8. November 2017

Samstag

JANUAR

19 Henrik von Uppsala (Heinrich), Marius, Pia von Karthago

DIE FÜLLE FINDEN

Was ist eigentlich das Gebet? Es ist vor allem Dialog, persönliche Beziehung zu Gott. Und der Mensch ist als Wesen geschaffen, das in einer persönlichen Beziehung zu Gott steht und seine volle Verwirklichung nur in der Begegnung mit seinem Schöpfer findet. Der Lebensweg führt zur endgültigen Begegnung mit dem Herrn. Im Buch Genesis heißt es, dass der Mensch als Abbild Gottes ihm ähnlich geschaffen wurde. Und Gott ist Vater und Sohn und Heiliger Geist, eine vollkommene Liebesbeziehung, die Einheit ist. Daraus können wir verstehen, dass wir alle geschaffen wurden, um in eine vollkommene Liebesbeziehung einzutreten, in ein beständiges Geben und Nehmen, um so die Fülle unseres Daseins zu finden.

Generalaudienz am 15. November 2017

ER OFFENBARTE SEINE HERRLICHKEIT

Das Evangelium des heutigen Sonntags unterbreitet das wunderbare Ereignis, das sich in Kana, einem Ort in Galiläa, während einer Hochzeit zugetragen hat, an der auch Maria und Jesus zusammen mit seinen ersten Jüngern teilnehmen (vgl. Joh 2,1-11). Die Mutter macht ihren Sohn darauf aufmerksam, dass der Wein ausgegangen ist, und nachdem Jesus ihr geantwortet hat, dass seine Stunde noch nicht gekommen sei, geht er dennoch auf ihr Bitten ein und macht den Brautleuten den besten Wein des ganzen Festes zum Geschenk. Der Evangelist unterstreicht: »So tat Jesus sein erstes Zeichen, in Kana in Galiläa, und offenbarte seine Herrlichkeit, und seine Jünger glaubten an ihn« (V. 11).

Angelus am 17. Januar 2016

Montag

JANUAR

21

Meinrad von Einsiedeln,
Agnes von Rom

ZEICHEN DES SEGEN GOTTES

Die Wunder sind [...] außerordentliche Zeichen, welche die Verkündigung der Frohen Botschaft begleiten und den Zweck haben, den Glauben an Jesus zu wecken oder zu stärken. Im in Kana vollbrachten Wunder können wir einen Akt des Wohlwollens Jesu gegenüber den Brautleuten erkennen, ein Zeichen des Segens Gottes für die Ehe. Die Liebe zwischen Mann und Frau ist also ein guter Weg, um das Evangelium zu leben, das heißt sich voll Freude auf den Weg der Heiligkeit zu begeben.

Angelus am 17. Januar 2016

GLAUBE IST EIN GESCHENK

Doch das Wunder von Kana betrifft nicht allein die Brautleute. Jeder Mensch ist dazu berufen, dem Herrn in seinem Leben zu begegnen. Der christliche Glaube ist ein Geschenk, das wir mit der Taufe empfangen und das uns ermöglicht, Gott zu begegnen. Wie bei jeder echten Erfahrung der Liebe durchlebt der Glaube Zeiten der Freude und des Schmerzes, des Lichts und der Finsternis. Der Bericht von der Hochzeit zu Kana lädt uns ein, neu zu entdecken, dass sich Jesus uns weder als Richter vorstellt, der uns wegen unserer Schuld verurteilen will, noch als ein Befehlshaber, der uns auferlegt, seinen Anordnungen blind zu gehorchen. Er offenbart sich als Heiland der Menschheit, als Bruder, als unser älterer Bruder, Sohn des Vaters.

Angelus am 17. Januar 2016

Mittwoch

JANUAR

23

Heinrich Seuse,
Hartmut von St. Gallen

JESUS SUCHT UNS

Wir können uns fragen: Kenne ich den Herrn wirklich […]? Spüre ich seine Nähe zu mir, zu meinem Leben? Antworte ich ihm auf der Wellenlänge jener bräutlichen Liebe, die er alle Tage einem jeden, wirklich jedem Menschen zeigt? Es geht darum, sich darüber klar zu werden, dass Jesus uns sucht und uns einlädt, ihm im Innersten unseres Herzens Raum zu geben. Und auf diesem Glaubensweg werden wir nicht allein gelassen: Wir haben das Geschenk des Blutes Christi empfangen. Die großen steinernen Krüge, die Jesus mit Wasser füllen lässt, um es in Wein zu verwandeln (V. 7), sind Zeichen für den Übergang vom Alten zum Neuen Bund: Anstelle des für die rituelle Reinigung verwandten Wassers haben wir das Blut Jesu empfangen, das sakramental in der Eucharistie und auf blutige Weise in der Passion und am Kreuz vergossen wird.

Angelus am 17. Januar 2016

Donnerstag

Franz von Sales,
Arno von Salzburg

24 JANUAR

STEH AUF!

Das Buch Genesis sagt, dass Abraham mit seinem Zelt umherzog, und wenn er einhielt, war da das Zelt. Nie baute Abraham ein Haus für sich, während dieser Imperativ gegeben war: »Steh auf!« Er baute nur einen Altar: das Einzige. Um den anzubeten, der ihm gebot aufzustehen, unterwegs zu sein mit dem Zelt. »Steh auf!« »Schau!« Der zweite Imperativ. »Blick auf und schau von der Stelle, an der du stehst, nach Norden und Süden, nach Osten und Westen« (Gen 13,14). Schau. Blicke auf den Horizont, keine Mauern bauen. Schau immer.

Predigt in der Eucharistiefeier zum 25. Jahrestag der Bischofsweihe des Heiligen Vaters am 27. Juni 2017

Freitag

JANUAR

25

Bekehrung des Apostels Paulus,
Wolfram, Titus Maria Horten

SCHAU! HOFFE!

Schau und hoffe! Und dieses Wort Gottes gilt auch für uns, die wir so alt sind wie Abraham… […] Und zu uns sagt der Herr […] dasselbe: »Steh auf! Schau! Hoffe!« Er sagt zu uns, dass dies nicht die Stunde ist, um unser Leben als abgeschlossen zu betrachten, unsere Geschichte nicht zu schließen, unsere Geschichte nicht zusammenzufassen. Der Herr sagt uns, dass unsere Geschichte offen sei, ja mehr noch: Sie ist offen bis zum Ende, sie ist offen mit einer Sendung. Und mit diesen drei Imperativen zeigt er uns die Sendung: »Steh auf! Schau! Hoffe!«

Predigt in der Eucharistiefeier zum 25. Jahrestag der Bischofsweihe des Heiligen Vaters am 27. Juni 2017

TRÄUMEN WAGEN

Jemand, der uns nicht wohlgesonnen ist, sagt von uns, dass wir die Gerontokratie der Kirche sind. Das ist reiner Spott. Er versteht nicht, was er sagt. Wir sind keine Greise, die herrschen: Wir sind Großväter, wir sind Großväter. Und wenn wir das nicht fühlen, müssen wir um die Gnade bitten, es zu fühlen. Großväter, auf die ihre Enkel blicken. Großväter, die ihnen mit ihrer Erfahrung einen Sinn für das Leben geben müssen. Großväter, die nicht in der Melancholie ihrer Geschichte verschlossen, sondern offen sind, um das zu geben. Und dieses »Steh auf, schau, hoffe!« bedeutet für uns »träumen«. Wir sind Großväter, die aufgerufen sind zu träumen und diesen Traum an die Jugend von heute weiterzugeben: Sie braucht ihn.

Predigt in der Eucharistiefeier zum 25. Jahrestag der Bischofsweihe des Heiligen Vaters am 27. Juni 2017

BROT VOM HIMMEL

Die Eucharistie erinnert uns auch daran, dass wir keine Individuen sind, sondern ein Leib. Wie das Volk in der Wüste das vom Himmel gefallene Manna aufsammelte und es in der Familie teilte (vgl. Ex 16), so ruft uns Jesus, das Brot vom Himmel, zusammen, um ihn zu empfangen, ihn gemeinsam zu empfangen und unter uns zu teilen. Die Eucharistie ist nicht ein Sakrament »für mich«, sie ist das Sakrament vieler, die einen einzigen Leib, das heilige gottgläubige Volk, bilden. Der heilige Paulus hat es uns in Erinnerung gerufen: »Ein Brot ist es. Darum sind wir viele ein Leib; denn wir alle haben teil an dem einen Brot« (1 Kor 10,17). Die Eucharistie ist das Sakrament der Einheit. Wer sie empfängt, kann nicht anders als ein Erbauer der Einheit sein.

Homilie zum Hochfest des Leibes und Blutes Christi am 18. Juni 2017

Montag

Thomas von Aquin, Karl der Große,
Manfred von Riva

28 JANUAR

HIMMEL UND ERDE VERBINDEN

Jesus sagt, dass es eine Macht »im Himmel und auf der Erde« ist. Es ist vor allem die Macht, den Himmel und die Erde zu verbinden. […] Als Jesus zum Vater aufgestiegen ist, hat unser menschliches Fleisch die Schwelle des Himmels überschritten: Unsere Menschennatur ist dort, in Gott, für immer. Darin liegt unser Vertrauen, denn Gott wird sich nie vom Menschen lösen. Und es tröstet uns zu wissen, dass mit Jesus für einen jeden von uns ein Platz in Gott vorbereitet ist.

Predigt beim Pastoralbesuch in Genua am 27. Mai 2017

Dienstag

JANUAR

29

Valerius von Trier,
Josef Freinademetz

ALLES ZU GOTT TRAGEN

Das christliche Gebet ist kein Weg, um ein wenig mehr im Frieden mit sich selbst zu sein oder eine gewisse innere Harmonie zu finden. Wir beten, um alles zu Gott zu tragen, um ihm die Welt anzuvertrauen: Das Gebet ist Fürbitte. Es ist kein Ruhezustand, es ist Liebe. Es bedeutet zu bitten, zu suchen, anzuklopfen (vgl. Mt 7,7). Es bedeutet, sich zu engagieren, um Fürbitte zu halten, indem man beharrlich vor Gott insistiert, die einen für die anderen (vgl. Apg 1,14). Fürbitte halten, ohne müde zu werden: Das ist unsere Hauptverantwortung, denn das Gebet ist die Macht, die die Welt voranbringt. Das ist unsere Mission, eine Mission, die mühevoll ist und zugleich Frieden schenkt.

Predigt beim Pastoralbesuch in Genua am 27. Mai 2017

Martina, Serena von Spoleto, Maria Ward, Dietnild, Adelgunde von Maubeuge

UNSER GOTT IST DEMÜTIG

Unser Gott blickt immer auf uns. Denken wir an den Vater des verlorenen Sohnes: Das Evangelium sagt, dass er ihn von Weitem kommen sah (vgl. Lk 15,20). Aber warum sah er ihn? Weil er jeden Tag, vielleicht mehrmals, auf die Terrasse gestiegen ist, um zu sehen, ob sein Sohn kommt, ob er zurückkommt. Das ist das Herz unseres Gottes: Er wartet immer auf uns. Und wenn jemand sagt: »Ich habe Gott gefunden«, dann irrt er. Er war es letztendlich, der dich gefunden und dich zu sich genommen hat. Er ist es, der den ersten Schritt tut. Er wird nicht müde hinauszugehen. […] Er respektiert die Freiheit jedes Menschen, aber er ist da und wartet, dass wir ihm ein wenig die Tür öffnen. Und das ist die Größe des Herrn: Er ist demütig. Unser Gott ist demütig. Er demütigt sich, indem er auf uns wartet.

Predigt in der hl. Messe für das Gendarmerie-Korps am 24. September 2017

Johannes Bosco, Marcella, Hemma (Emma)

UM DIE GNADE BITTEN

Wir alle sind Sünder und wir alle brauchen die Begegnung mit dem Herrn: eine Begegnung, die uns die Kraft schenkt, um voranzugehen, um besser zu sein, ganz einfach. Aber wir müssen aufpassen. Denn er kommt, er kommt zu uns, und es wäre traurig, wenn er zu uns käme und wir nicht bemerken würden, dass er kommt. Wir wollen heute um die Gnade bitten: »Herr, lass mich sicher sein, dass du wartest. Ja, du wartest auf mich, mit meinen Sünden, mit meinen Fehlern, mit meinen Problemen.« Alle haben wir sie, alle. Aber er ist da, er ist da, immer. Die schlimmste Sünde besteht, glaube ich, darin, nicht zu verstehen, dass er immer da ist und auf mich wartet, kein Vertrauen in diese Liebe zu haben: das Misstrauen gegenüber der Liebe Gottes.

Predigt in der hl. Messe für das Gendarmerie-Korps am 24. September 2017

Freitag

Brigida (Brigitta), Sigisbert III. (Sigbert), Severus von Ravenna

01 FEBRUAR

EIN GESCHENK FÜR DEN HERRN

Wie also können wir Gott konkret gefallen? Wenn man bei einem lieben Menschen Gefallen finden möchte, indem man ihm zum Beispiel ein Geschenk macht, muss man zuerst den Geschmack dieses Menschen kennen, damit das Geschenk nicht zum Schluss dem Geber besser gefällt als dem Empfänger. Wenn wir also dem Herrn etwas bieten wollen, finden wir das, was ihm gefällt, im Evangelium. […] »Was ihr für einen meiner geringsten Brüder getan habt, das habt ihr mir getan« (Mt 25,40).

Homilie zum Welttag der Armen am 19. November 2017

Samstag

FEBRUAR

02

DARSTELLUNG DES HERRN (LICHTMESS)

Dietrich, Alfred Delp

DAS IST MEIN LEIB

[Die] von [Jesus] bevorzugten geringsten Brüder sind der Hungernde und der Kranke, der Fremde und der Gefangene, der Arme und der Verlassene, der hilflos Leidende und der Ablehnung erfahrende Bedürftige. Auf ihren Gesichtern können wir uns sein Angesicht eingezeichnet vorstellen, aus ihren, wenn auch vom Schmerz verschlossenen, Lippen können wir seine Worte vernehmen: Das »ist mein Leib« (Mt 26,26). In den Armen klopft Jesus dürstend nach unserer Liebe an die Tür unseres Herzens.

Homilie zum Welttag der Armen am 19. November 2017

4. SONNTAG IM JAHRESKREIS
Blasius, Alojs Andritzki, Ansgar von Hamburg-Bremen, Simeon und Hanna

DAS WORT IST ERFÜLLT

Das heutige Evangelium führt uns in die Synagoge von Nazaret, also jenen Ort in Galiläa, wo Jesus in seiner Familie aufgewachsen ist und ihn alle kennen. Nachdem er kurz zuvor weggegangen war, um sein öffentliches Leben zu beginnen, kehrt er nun zum ersten Mal zurück und tritt vor die am Sabbat in der Synagoge versammelte Gemeinde. Er liest den Abschnitt aus dem Propheten Jesaja, der vom künftigen Messias spricht, und erklärt am Schluss: »Heute hat sich das Schriftwort, das ihr eben gehört habt, erfüllt« (Lk 4,21).

Angelus am 31. Januar 2016

Montag

FEBRUAR

04

Rabanus Maurus, Veronika,
Gilbert, Christian von Himmerod

DEN HERRN ERKENNEN

Die Mitbürger Jesu, die zuerst staunen und voll Bewunderung sind, beginnen dann, das Gesicht zu verziehen, zu murren und zu sagen: Warum wiederholt er, der vorgibt, der Gesalbte des Herrn zu sein, nicht hier, in seinem Heimatort, die großen Dinge, die er angeblich in Kafarnaum und in den umliegenden Orten vollbracht hat? Darauf erklärt Jesus: »Kein Prophet wird in seiner Heimat anerkannt« (Lk 4,24), und er beruft sich auf die großen Propheten der Vergangenheit, Elija und Elischa, die Wunder zugunsten der Heiden wirkten, um den Unglauben ihres Volkes anzuklagen. An diesem Punkt fühlen sich die Anwesenden beleidigt […] treiben Jesus zur Stadt hinaus […]. Er aber schritt mit der Kraft seines Friedens »mitten durch die Menge hindurch und ging weg« (Lk 4,30). Seine Stunde war noch nicht gekommen.

Angelus am 31. Januar 2016

DIE OFFENBARUNG ANNEHMEN

[Der] Abschnitt des Evangelisten Lukas (Lk 4,21-30) ist nicht einfach der Bericht über einen durch Neid und Eifersucht verursachten Streit unter Mitbürgern, wozu es auch in unseren Wohnvierteln kommt, sondern er verdeutlicht eine Versuchung, welcher der religiöse Mensch immer ausgesetzt ist […] und von der man entschieden Abstand nehmen muss. […] Es handelt sich um die Versuchung, die Religion als eine menschliche Investition zu sehen und folglich mit Gott zu »verhandeln« und dabei seine eigenen Interessen zu suchen. In der wahren Religion dagegen geht es darum, die Offenbarung eines Gottes anzunehmen, der Vater ist und sich um jedes seiner Geschöpfe sorgt, auch um das, das in den Augen des Menschen das kleinste und bedeutungsloseste ist.

Angelus am 31. Januar 2016

Mittwoch

FEBRUAR

06

Paul Miki und Gefährten, Dorothea von Kappadokien, Reinhild, Hildegund

KEINE PRIVILEGIEN HABEN

Das einzige Privileg in den Augen Gottes ist, keine Privilegien zu haben. Das einzige Privileg in den Augen Gottes besteht darin, keine Privilegien zu haben, keine eigennützigen Beziehungen zu suchen, allein seinen Händen überlassen zu sein. »Heute hat sich das Schriftwort, das ihr eben gehört habt, erfüllt« (Lk 4,21). Das von Christus an jenem Tag verkündete »Heute« gilt für alle Zeiten; es erklingt erneut auch für uns auf diesem Platz und ruft uns die Aktualität und Notwendigkeit des Heils in Erinnerung, das Jesus der Menschheit gebracht hat. Gott kommt den Männern und Frauen aller Zeiten und Orte in der konkreten Situation entgegen, in der sie sich befinden. Er kommt auch uns entgegen.

Angelus am 31. Januar 2016

ER LÄDT UNS EIN

Es ist immer er [Jesus], der den ersten Schritt tut: Er kommt, um uns mit seinem Erbarmen zu besuchen, um uns aus dem Staub unserer Sünden zu erheben; er kommt und reicht uns die Hand, um uns aus dem Abgrund aufsteigen zu lassen, in den uns unser Stolz hat fallen lassen hat, und er lädt uns ein, die tröstende Wahrheit des Evangeliums anzunehmen und auf den Wegen des Guten zu gehen. Er kommt immer, um bei uns einzukehren, um uns zu suchen.

Angelus am 31. Januar 2016

 Hieronymus Ämiliani, Josefine Bakhita, Philipp Jeningen

WAHRER TROST

In Wahrheit überrascht uns der Herr, indem er uns zeigt, dass er auch unsere Schwächen liebt. »Jesus Christus […] ist die Sühne für unsere Sünden, aber nicht nur für unsere Sünden, sondern auch für die der ganzen Welt« (1 Joh 2,1-2). Dieses Geschenk, der Quell wahren Trostes – aber der Herr vergibt uns immer –, tröstet, ist ein wahrer Trost, ist ein Geschenk, das uns durch die Eucharistie gegeben ist: jenes Hochzeitsmahl, in dem der Bräutigam unserer Schwäche begegnet. Kann ich sagen, dass, wenn ich in der Messe die Kommunion empfange, der Herr meiner Schwäche begegnet? Ja! Das können wir sagen, weil es wahr ist! Der Herr begegnet unserer Schwäche, um uns zu unserer ersten Berufung zurückzubringen: Abbild Gottes zu sein, ihm ähnlich. Das ist das Umfeld der Eucharistie, das ist das Gebet.

Generalaudienz am 15. November 2017

WAS GOTT SCHÄTZT

Wenn wir die Gleichgültigkeit besiegen und uns im Namen Jesu für seine Brüder und Schwestern verwenden, sind wir seine guten und treuen Freunde, bei denen er gerne verweilt. Gott schätzt das sehr, er schätzt dieses Verhalten, von dem wir in der Ersten Lesung gehört haben, das Verhalten der »tüchtigen Frau«, die »ihre Hand für den Bedürftigen öffnet und ihre Hände dem Armen reicht« (vgl. Spr 31,10.20). Das ist die wahre Tüchtigkeit: nicht geschlossene Hände und verschränkte Arme, sondern tätige Hände, die sich zu den Armen hin ausstrecken und damit auch nach den Verwundungen des Herrn.

Homilie zum Welttag der Armen am 19. November 2017

WAS IST DIE MESSE EIGENTLICH?

Die Messe ist das Gedächtnis des österlichen Geheimnisses, des Paschamysteriums Christi. Sie lässt uns teilhaben an seinem Sieg über die Sünde und den Tod und gibt unserem Leben die volle Bedeutung. Daher müssen wir, um den Wert der Messe zu begreifen, also zunächst die biblische Bedeutung des »Gedächtnisses« verstehen. Es ist »nicht nur ein Sicherinnern an Ereignisse der Vergangenheit, sondern die Verkündigung der großen Taten, die Gott für die Menschen getan hat. In der liturgischen Feier dieser Ereignisse werden sie gegenwärtig und wieder lebendig« (Katechismus der Katholischen Kirche, 1363). Durch sein Leiden, seinen Tod, seine Auferstehung und Himmelfahrt hat Jesus Christus das Pascha vollendet. Und die Messe ist das Gedächtnis seines Pascha, seines »Exodus«, den er für uns vollbracht hat, um uns aus der Knechtschaft zu führen.

Generalaudienz am 22. November 2017

UNVERÄUSSERLICHE WÜRDE

Das einfache Mädchen von Lourdes erzählt, dass die Jungfrau, die sie als »die schöne Frau« bezeichnet, sie ansah, wie man eine Person ansieht. Diese schlichten Worte beschreiben die Fülle einer Beziehung. Die arme, ungebildete und kranke Bernadette fühlt sich von Maria als Person angeschaut. Die »schöne Frau« spricht zu ihr mit großem Respekt, ohne Bemitleidung. Das erinnert uns daran, dass jeder Kranke immer eine menschliche Person ist und bleibt und als solche behandelt werden muss. Die Kranken wie die Menschen mit – auch schwersten – Behinderungen haben ihre unveräußerliche Würde und ihre Aufgabe im Leben; nie werden sie zu bloßen Objekten, selbst wenn sie manchmal als nur passiv erscheinen mögen, was aber in Wirklichkeit nie der Fall ist.

Botschaft zum 25. Welttag der Kranken am 8. Dezember 2016

Dienstag

FEBRUAR

12

Benedikt von Aniane,
Gregor II.

LEBEN FÜR DAS HEIL

Nachdem Bernadette an der Grotte gewesen ist, verwandelt sie durch das Gebet ihre Gebrechlichkeit in Unterstützung für die anderen, wird durch die Liebe fähig, ihren Nächsten zu bereichern und bietet vor allem ihr Leben für das Heil der Menschheit dar. Dass die »schöne Frau« sie bittet, für die Sünder zu beten, erinnert uns daran, dass die Kranken und Leidenden nicht nur den Wunsch zu genesen in sich tragen, sondern auch ein christliches Leben führen wollen und so weit kommen, es als echte missionarische Jünger Christi hinzugeben.

Botschaft zum 25. Welttag der Kranken am 8. Dezember 2016

SCHWESTER DER NÄCHSTENLIEBE

Bernadette erhält von Maria die Berufung, den Kranken zu dienen; sie soll eine »Schwester der Nächstenliebe« sein – eine Aufgabe, die sie in so hohem Maße erfüllt, dass sie zu einem Vorbild wird, auf das sich jeder und jede im Pflegedienst Tätige beziehen kann. Bitten wir also die »Unbefleckte Empfängnis« um die Gnade, dass wir es verstehen, in unserer Beziehung zum Kranken immer den Menschen zu sehen, der zwar der Hilfe bedarf und bisweilen sogar für die elementarsten Dinge, der aber seine persönliche Gabe in sich trägt, um sie mit den anderen zu teilen.

Botschaft zum 25. Welttag der Kranken am 8. Dezember 2016

Donnerstag

FEBRUAR 14 VALENTINSTAG

Cyrill und Method, Valentin von Terni

DIE BARMHERZIGE ALLMACHT GOTTES

Der Blick Marias, der Trösterin der Betrübten, erleuchtet das Antlitz der Kirche in ihrem täglichen Einsatz für die Bedürftigen und die Leidenden. Die kostbaren Früchte dieser Bemühung der Kirche um die Welt des Leidens und der Krankheit sind ein Grund, Jesus, dem Herrn, zu danken: Er ist für uns eingestanden im Gehorsam gegenüber dem Willen des Vaters und bis zum Tod am Kreuz, damit die Menschheit erlöst würde. Die Solidarität Christi, des von Maria geborenen Sohnes Gottes, ist der Ausdruck der barmherzigen Allmacht Gottes, die sich in unserem Leben zeigt – vor allem, wenn es gebrechlich, verletzt, gedemütigt, ausgegrenzt und leidend ist – und ihm die Kraft der Hoffnung einflößt, die uns wieder aufstehen lässt und uns unterstützt.

Botschaft zum 25. Welttag der Kranken am 8. Dezember 2016

Siegfried von Växjö, Claude de la Columbiere,
Drutmar von Corvey

BRÜDERLICHKEIT UND VERANTWORTUNG

Lasst uns alle gemeinsam […] unser Gebet zu Maria erheben, dass ihre mütterliche Fürsprache unseren Glauben stütze und begleite. Sie erlange für uns von Christus, ihrem Sohn, dass wir auf dem Weg der Heilung und der Gesundheit voller Hoffnung sind, dass wir ein Gespür haben für Brüderlichkeit und Verantwortung, dass wir uns für die ganzheitliche menschliche Entwicklung einsetzen und dass wir jedes Mal, wenn sie uns mit ihrer Treue und ihrer Barmherzigkeit in Erstaunen versetzt, die Freude der Dankbarkeit empfinden.

Botschaft zum 25. Welttag der Kranken am 8. Dezember 2016

Juliana von Nikomedien, Simeon von Metz, Philippa Mareri, Elias

MARIA, HILF UNS

O Maria, unsere Mutter,
die du in Christus jeden von uns als Sohn oder Tochter annimmst,
unterstütze die zuversichtliche Erwartung unseres Herzens,
steh uns bei in unseren Krankheiten und Leiden,
führe uns zu Christus, deinem Sohn und unserem Bruder,
und hilf uns, dass wir uns dem Vater anvertrauen,
der Großes vollbringt.

Botschaft zum 25. Welttag der Kranken am 8. Dezember 2016

GUTES GEBEN

Nimmt [unser Gebet] uns wirklich ein, nimmt es unser Herz ein, unser Leben? Verstehen wir es, an das Herz Gottes zu klopfen? Am Ende des Abschnitts aus dem Evangelium (vgl. Lk 11,11-13) sagt Jesus: Ist unter euch ein Vater, der seinem Sohn eine Schlange gibt, wenn er um einen Fisch bittet? Oder einen Skorpion, wenn er um ein Ei bittet? Wenn ihr Väter seid, werdet ihr das Gute für eure Kinder tun. Und dann geht er weiter: Wenn nun schon ihr, die ihr böse seid, euren Kindern gebt, was gut ist, wie viel mehr wird euer Vater im Himmel ... Und wir erwarten, dass er mit folgenden Worten fortfährt: ... euch Gutes geben. Stattdessen, nein, das sagt er nicht! Er sagt: Er wird den Heiligen Geist denen geben, die ihn bitten. Gerade das ist die Gabe, das ist das »Mehr« Gottes.

Predigt zum 100. Gründungsjubiläum der Kongregation für die orientalischen Kirchen am 12. Oktober 2017

Montag

FEBRUAR

18 Simon von Jerusalem,
Constantia (Konstanze), Alexander

DEN ARMEN LIEBEN

In den Amen zeigt sich die Gegenwart Jesu, der reich war und unseretwegen arm wurde (vgl. 2 Kor 8,9). Deswegen liegt in ihnen, in ihrer Schwäche, eine »Heilkraft«. Und auch wenn sie in den Augen der Welt wenig Ansehen genießen, so sind sie doch die, die uns den Weg zum Himmel öffnen, sie sind unser »Reisepass für das Paradies« Es ist für uns eine evangeliumsgemäße Pflicht, uns ihrer anzunehmen, die unser wahrer Reichtum sind – und das nicht nur, indem wir ihnen Brot geben, sondern auch dadurch, dass wir mit ihnen das Brot des Wortes teilen, dessen natürlichste Empfänger sie sind. Den Armen zu lieben heißt, gegen alle Armut zu kämpfen, sowohl gegen die geistigen als auch gegen die materiellen Nöte.

Homilie zum Welttag der Armen am 19. November 2017

Bonifatius von Lausanne, Irmgard von Aspel (von Köln), Hadwig von Cappenberg

REICHTUM GOTTES

Die Nähe zu denen, die ärmer sind als wir, wird unser Leben nicht unberührt lassen. Wir werden erinnert an das, was wirklich zählt: Gott zu lieben und den Nächsten. Nur dies hat Bestand für immer, der Rest vergeht und deswegen bleibt nur das, was wir in die Liebe investieren. Heute können wir uns fragen: »Was zählt für mich in meinem Leben, wo investiere ich?« In den Reichtum, der vergeht und von dem die Welt nie genug haben kann, oder in den Reichtum Gottes, der das ewige Leben schenkt?

Homilie zum Welttag der Armen am 19. November 2017

Mittwoch

FEBRUAR

20

Jordan Mai, Falko von Tongern,
Leo von Catania

MIT TATEN LIEBEN

Für den Himmel zählt nicht, was man hat, sondern was man gibt. Wer »für sich selbst Schätze sammelt, [ist] aber bei Gott nicht reich« (Lk 12,21). Suchen wir also nicht den Überfluss für uns, sondern das Wohl der anderen, und nichts Wertvolles wird uns fehlen. Der Herr, der Mitleid hat mit unserer Armut und uns mit seinen Talenten ausstattet, schenke uns die Weisheit, das zu suchen, was wirklich zählt, und den Mut, nicht mit Worten zu lieben, sondern mit Taten.

Homilie zum Welttag der Armen am 19. November 2017

ZEICHEN SEINER WEISHEIT SEIN

Der Weg Jesu ist radikal anders. Als Hass und Ablehnung ihn dem Leiden und dem Tod auslieferten, antwortete er mit Vergebung und Mitleid. Im heutigen Evangelium sagt uns der Herr, dass wir wie er auf Widerstand und Ablehnung stoßen können, er uns aber eine Weisheit schenken wird, der niemand widerstehen kann (vgl. Lk 21,15). Er spricht hier vom Heiligen Geist, durch den die Liebe Gottes in unsere Herzen ausgegossen wurde (vgl. Röm 5,5). Durch die Gabe des Geistes befähigt Jesus einen jeden von uns, Zeichen seiner Weisheit zu sein, die über die Weisheit der Welt siegt, und Zeichen seiner Barmherzigkeit, die jeder noch so schmerzhaften Wunde Linderung schenkt.

Predigt in der Eucharistiefeier im Kyaikkasan-Stadion in Yangon auf der apostolischen Reise nach Myanmar und Bangladesch am 29. November 2017

Freitag

FEBRUAR

22

Kathedra Petri, Isabella von Frankreich, Margareta von Cortona

FÜR WEN HALTET IHR MICH?

Das Evangelium des heutigen [Tages] (Mt 16,13-20) gibt eine Schlüsselpassage des Weges Jesu mit seinen Jüngern wieder: den Augenblick, in dem er prüfen will, an welchem Punkt ihr Glaube an ihn steht. Zuerst will er wissen, für wen die Leute ihn halten; und die Leute halten Jesus für einen Propheten, was wahr ist, aber sie begreifen nicht den Mittelpunkt seiner Person, sie begreifen nicht den Mittelpunkt seiner Sendung. Dann stellt er den Jüngern die Frage, die ihm am meisten am Herzen liegt. Er fragt sie also direkt: »Ihr aber, für wen haltet ihr mich?« (V. 15). Und mit diesem »Aber« hebt Jesus die Apostel entschieden von der Masse ab, als wollte er sagen: Ihr aber, die ihr jeden Tag bei mir seid und mich aus der Nähe kennt, was habt ihr mehr begriffen?

Angelus am 27. August 2017

DU BIST DER MESSIAS

Der Meister erwartet von den Seinen eine tiefer gehende Antwort, eine Antwort, die anders ist als jene der öffentlichen Meinung. Und tatsächlich geht genau eine solche Antwort aus dem Herzen des Simon, genannt Petrus, hervor: »Du bist der Messias, der Sohn des lebendigen Gottes! « (Mt 16,16). Simon Petrus kommen Worte über die Lippen, die größer sind als er: Worte, die nicht seinen natürlichen Fähigkeiten entstammen. Vielleicht hatte er nicht einmal die Grundschule besucht, und er vermag diese Worte zu sprechen, die stärker sind als er! Doch sie sind vom Vater im Himmel eingegeben (Mt 16,17), der dem Ersten der zwölf die wahre Identität Jesu offenbart.

Angelus am 27. August 2017

Sonntag

FEBRUAR **24**

7. SONNTAG IM JAHRESKREIS
Apostel Matthias, Ethelbert,
Ida, Irmengard

AUF DIESEN FELSEN WERDE ICH BAUEN

Er ist der Messias, der Sohn, den Gott gesandt hat, um die Menschheit zu retten. Und durch diese Antwort versteht Jesus, dass dank des vom Vater geschenkten Glaubens ein festes Fundament vorhanden ist, auf dem er seine Gemeinschaft, seine Kirche errichten kann. Daher sagt er zu Simon: »Du, Simon, bist Petrus – also der Stein, der Fels –, und auf diesen Felsen werde ich meine Kirche bauen« (Mt 16,18).

Angelus am 27. August 2017

DIE KIRCHE MUSS IMMER REFORMIERT WERDEN

Auch mit uns, heute, will Jesus weiter seine Kirche errichten: dieses Haus mit festen Fundamenten, wo es aber nicht an Rissen fehlt und das beständig wiederhergestellt werden muss. Immer. Die Kirche muss immer reformiert, wiederhergestellt werden. Wir fühlen uns sicher nicht als Felsen, sondern nur als kleine Steine. Dennoch ist kein kleiner Stein nutzlos. Im Gegenteil: In den Händen Jesu wird der kleinste Stein kostbar, da er ihn aufnimmt, ihn mit großer Zärtlichkeit betrachtet, ihn mit seinem Geist bearbeitet und an den rechten Platz stellt, den er immer im Sinn hatte und wo er für den gesamten Bau nützlicher sein kann.

Angelus am 27. August 2017

Dienstag

FEBRUAR **26** Mechthild von Sponheim, Dionysius von Augsburg, Ulrich von Obermarchtal

LEBENDIGER STEIN WERDEN

Jeder von uns ist ein kleiner Stein, doch in den Händen Jesu hat er Anteil am Bau der Kirche. Und wir alle, so klein wir auch sein mögen, werden zu »lebendigen Steinen« gemacht, denn wenn Jesus seinen Stein in die Hand nimmt, macht er ihn sich zu eigen, macht er ihn lebendig, erfüllt er ihn mit Leben, mit dem Leben des Heiligen Geistes, mit dem Leben seiner Liebe. Und so haben wir einen Platz und eine Sendung in der Kirche: Sie ist Gemeinschaft des Lebens, die aus unzähligen Steinen besteht, die alle verschieden sind und im Zeichen der Brüderlichkeit und Gemeinschaft ein einziges Gebäude bilden.

Angelus am 27. August 2017

Mittwoch

Markward von Prüm,
Leander von Sevilla

27 FEBRUAR

FEST BLEIBEN

Das Evangelium ruft (Mt 16,13-20) in Erinnerung, dass Jesus für seine Kirche auch einen sichtbaren Mittelpunkt der Gemeinschaft in Petrus gewollt hat – auch er ist kein großer Stein, sondern ein kleiner Stein, doch von Jesus aufgenommen wird er zum Mittelpunkt der Gemeinschaft –, in Petrus und in jenen, die ihm in derselben Verantwortung des Primats nachfolgen sollten, die von den Anfängen an mit den Bischöfen von Rom identifiziert wurden, der Stadt, in der Petrus und Paulus ihr Blutzeugnis gegeben haben.

Angelus am 27. August 2017

Roman von Condat, Silvana,
Oswald von Worcester, Antonia

ARBEIT VERLEIHT WÜRDE

Es ist ein schlimmes Kreuz, nicht einmal das Notwendigste zu haben. Das stimmt. Wisst aber auch, dass der Arme der Schatz der Kirche ist und dass die Kirche, die Priester, der Papst sich der Armen annehmen müssen, jener Menschen, die von der Gesellschaft aussortiert werden. Wie viele Menschen verlieren heutzutage ihre Arbeit! Wie viele Menschen können kein Brot nach Hause bringen! Und wenn ein Mann, eine Frau, die das Brot nach Hause bringen müssen, keine Arbeit haben, dann fühlen sie, dass sie keine Würde haben: Denn die Arbeit verleiht uns unsere Würde.

Homilie in der römischen Pfarrei San Pier Damiani ai Monti di San Paolo am 21. Mai 2017

Teresa Estochio Verzeri,
Albin, David von Menevia, Roger

DEN ARMEN NAHE SEIN

Jesus kam nicht im Palast des Herodes zur Welt, er kam in einer Krippe zur Welt. Und das müssen wir wissen. Und wir müssen auch für die Reichen beten, für die Reichen, die zu viel besitzen, die gar nicht wissen, was sie mit ihrem Geld anfangen sollen und immer noch mehr wollen. Die Ärmsten. Jesus erzählt uns im Evangelium von diesem reichen Mann, der Festmähler und Feste ausrichtete und vor dessen Tür ein armer Mann lag, und der arme Mann war mit den Hunden zusammen, da draußen, und er aß die Brosamen, die vom Tisch des Reichen fielen. Das erzählt uns Jesus.

Homilie in der römischen Pfarrei San Pier Damiani ai Monti di San Paolo am 21. Mai 2017

Samstag

MÄRZ 02

Agnes von Böhmen,
Karl der Gute

FÜR DIE REICHEN BETEN

Wir sollen die Reichen nicht hassen, nein: Das wäre unchristlich. Wir sollen für sie beten, darum, dass sie einen guten Gebrauch von ihrem Reichtum machen, weil der Reichtum nicht ihnen gehört: Er gehört Gott, der ihn ihnen anvertraut hat, damit sie ihn verwalten. Und die Reichen – die, die diese Botschaft nicht verstehen – stecken ihn in die eigenen Taschen: Das ist es, was hässlich ist. Aber es gibt auch Menschen, die Geld haben und großzügig sind, die anderen helfen, die das Geld verwalten und ein schlichtes Leben führen, ein einfaches Leben, ein Leben der Arbeit. Man darf nicht hassen, nein, nein! Beten für jene Reichen, die nicht verstanden haben, dass ihr Reichtum nicht für sie da ist, sondern dazu, ihn weiterzuschenken.

Homilie in der römischen Pfarrei San Pier Damiani ai Monti di San Paolo am 21. Mai 2017

GOTT HÖREN

[Eine] Frage des heiligen Paulus ist: »Wie sollen sie an den glauben, von dem sie nichts gehört haben?« Unsere Welt ist voll von vielerlei Geräuschen und Ablenkungen, die die Stimme Gottes ersticken können. Damit andere gerufen werden, von Gott zu hören und an ihn zu glauben, müssen sie ihn erst einmal in authentischen Personen finden, in Personen, die wissen, wie man zuhört. Und sicher wollt ihr solche Menschen sein. Aber nur der Herr kann euch helfen, echt zu sein. Sprecht deshalb zu ihm im Gebet. Lernt, auf seine Stimme zu hören, indem ihr ruhig aus der Tiefe eures Herzens mit ihm sprecht.

Predigt in der Eucharistiefeier in der Kathedrale St. Mary's in Yangon auf der apostolischen Reise nach Myanmar und Bangladesch am 30. November 2017

Montag

MÄRZ 04

ROSENMONTAG
Kasimir von Polen, Rupert,
Walburga von Neuenheerse

FRIEDENSSTIFTER WERDEN

Wer Hoffnung in die Welt bringt, ist nie ein nachgiebiger Mensch. Jesus legt uns nahe, auf ihn zu warten, ohne die Hände in den Schoß zu legen: »Selig die Knechte, die der Herr wach findet, wenn er kommt« (Lk 12,37). Es gibt keinen Friedensstifter, der letztendlich nicht seinen persönlichen Frieden in Mitleidenschaft gezogen hat, indem er die Probleme der anderen auf sich genommen hat. Die nachgiebige Person ist kein Friedensstifter, sondern ein fauler Mensch, jemand, der es bequem haben will. Der Christ dagegen ist ein Friedensstifter, wenn er etwas riskiert, wenn er den Mut hat, etwas zu riskieren, um Gutes zu bringen, das Gute, das Jesus uns geschenkt hat, das er uns als Schatz gegeben hat.

Generalaudienz am 11. Oktober 2017

Dienstag

FASTNACHT
Thietmar von Minden (Dietmar),
Oliva von Brescia

05 MÄRZ

KOMM, HERR JESUS

An jedem Tag unseres Leben müssen wir jene Bitte wiederholen, die die ersten Jünger in ihrer aramäischen Sprache mit dem Wort »Maranatha« zum Ausdruck brachten, im vorletzten Vers der Bibel: »Komm, Herr Jesus!« (Offb 22,20). Das ist der Kehrreim jeden christlichen Lebens: In unserer Welt brauchen wir nichts weiter als eine Liebkosung Christi. Welch eine Gnade, wenn wir im Gebet, in den schwierigen Tagen dieses Lebens, seine Stimme hören, die antwortet und uns versichert: »Siehe, ich komme bald« (Offb 22,7)!

Generalaudienz am 11. Oktober 2017

Mittwoch

MÄRZ 06

ASCHERMITTWOCH
Fridolin von Säckingen,
Mechthild von Hochsal, Franziska Streitel

JESUS IST DER TREUE FREUND

Die österliche Bußzeit ist ein Neuanfang, ein Weg, der zu einem sicheren Ziel führt: zum Pascha der Auferstehung, zum Sieg Christi über den Tod. Und immer richtet diese Zeit eine nachdrückliche Einladung zur Umkehr an uns: Der Christ ist aufgerufen, »von ganzem Herzen« (Joel 2,12) zu Gott zurückzukehren, um sich nicht mit einem mittelmäßigen Leben zufriedenzugeben, sondern in der Freundschaft mit dem Herrn zu wachsen. Jesus ist der treue Freund, der uns nie verlässt, denn auch wenn wir sündigen, wartet er geduldig auf unsere Rückkehr zu ihm und zeigt mit diesem Warten, dass er willig ist zu vergeben.

Botschaft zur österlichen Bußzeit am 18. Oktober 2016

Donnerstag

Perpetua und Felicitas, Volker von Segeberg **07** MÄRZ

UMKEHR WAGEN

Die österliche Bußzeit ist der günstige Moment, das Leben des Geistes durch die heiligen Mittel, welche die Kirche uns bietet, zu intensivieren: durch Fasten, Gebet und Almosengeben. Die Grundlage von all dem ist das Wort Gottes, und in dieser Zeit sind wir eingeladen, es mit größerem Eifer zu hören und zu meditieren. Besonders möchte ich [euch das] Gleichnis vom reichen Prasser und dem armen Lazarus [nahelegen] (vgl. Lk 16,19-31). Lassen wir uns von dieser so bedeutungsvollen Erzählung anregen: Sie bietet uns den Schlüssel, der uns begreifen lässt, was wir tun müssen, um das wahre Glück und das ewige Leben zu erlangen, und ermahnt uns zu aufrichtiger Umkehr.

Botschaft zur österlichen Bußzeit am 18. Oktober 2016

Freitag

MÄRZ 08 Johannes von Gott, Felix Dunwich

DEN WAHREN WEG DER UMKEHR GEHEN

Die österliche Bußzeit ist die günstige Zeit, um sich zu erneuern in der Begegnung mit Christus, der in seinem Wort, in den Sakramenten und im Nächsten lebendig ist. Der Herr, der in den vierzig Tagen in der Wüste die List des Versuchers überwunden hat, zeigt uns den Weg, dem wir folgen müssen. Möge der Heilige Geist uns leiten, einen wahren Weg der Umkehr zu gehen, um das Geschenk des Wortes Gottes neu zu entdecken, von der Sünde, die uns blind macht, gereinigt zu werden und Christus in den bedürftigen Mitmenschen zu dienen.

Botschaft zur österlichen Bußzeit am 18. Oktober 2016

HABT KEINE ANGST

[Eine] Frage des Paulus ist: »Wie sollen sie hören, wenn niemand verkündet?« Das nun ist eine große Aufgabe, die in besonderer Weise den Jugendlichen anvertraut ist: »missionarische Jünger« zu sein, Boten der guten Nachricht Jesu, vor allem für eure Gleichaltrigen und Freunde. Habt keine Angst davor, Durcheinander zu verursachen und Fragen zu stellen, die die Leute zum Nachdenken bringen! Und habt keine Angst, wenn ihr manchmal das Gefühl habt, dass ihr nur wenige seid und weit verstreut.

Predigt in der Eucharistiefeier in der Kathedrale St. Mary's in Yangon auf der apostolischen Reise nach Myanmar und Bangladesch am 30. November 2017

Sonntag

MÄRZ **10** 1. FASTENSONNTAG
Ämilian von Langny (Emil),
Gustav von Schweden

IN DER MESSE SIND WIR BEI JESUS

Jede Eucharistiefeier ist ein Strahl jener Sonne ohne Untergang, die der auferstandene Christus ist. An der Messe teilzunehmen, insbesondere am Sonntag, bedeutet, in den Sieg des Auferstandenen einzutreten, von seinem Licht erleuchtet, von seiner Wärme gewärmt zu werden. Durch die Eucharistiefeier lässt der Heilige Geist uns am göttlichen Leben teilhaben, das unser ganzes sterbliches Dasein verklären kann. Und in seinem Übergang vom Tod zum Leben, von der Zeit zur Ewigkeit, zieht Jesus, der Herr, auch uns mit sich, um Pascha zu halten. In der Messe wird Pascha gehalten. In der Messe sind wir bei Jesus, der gestorben und auferstandenen ist, und er nimmt uns mit zum ewigen Leben. In der Messe sind wir mit ihm vereint. Ja, Christus lebt in uns, und wir leben in ihm.

Generalaudienz am 22. November 2017

GÖTTLICHE HERRLICHKEIT

Der Abschnitt aus dem [heutigen] Evangelium (Mt 25,31-46) hebt mit einem großartigen Bild an. Jesus wendet sich an seine Jünger und sagt: »Wenn der Menschensohn in seiner Herrlichkeit kommt und alle Engel mit ihm, dann wird er sich auf den Thron seiner Herrlichkeit setzen« (Mt 25,31). Es handelt sich um die feierliche Einleitung der Erzählung vom Jüngsten Gericht. Nach seinem in Demut und Armut gelebten irdischen Dasein zeigt sich Jesus nun in der göttlichen Herrlichkeit, die ihm zukommt, umgeben von Scharen von Engeln. Die ganze Menschheit wird vor ihm zusammengerufen, und er übt seine Autorität aus, indem er sie voneinander scheidet, wie der Hirt die Schafe von den Böcken scheidet.

Angelus am 26. November 2017

Dienstag

MÄRZ **12** Maximilian, Engelhard, Almut von Wetter, Beatrix von Engelport

KOMMT HER

Zu denen auf der rechten Seite sagt er: »Kommt her, die ihr von meinem Vater gesegnet seid, nehmt das Reich in Besitz, das seit der Erschaffung der Erde für euch bestimmt ist. Denn ich war hungrig, und ihr habt mir zu essen gegeben; ich war durstig, und ihr habt mir zu trinken gegeben; ich war fremd und obdachlos, und ihr habt mich aufgenommen; ich war nackt und ihr habt mir Kleidung gegeben; ich war krank, und ihr habt mich besucht; ich war im Gefängnis, und ihr seid zu mir gekommen« (Mt 25,34-36). Die Gerechten sind überrascht, denn sie entsinnen sich nicht, jemals Jesus begegnet zu sein, und noch weniger, ihm auf diese Weise geholfen zu haben; doch er erklärt: »Was ihr für einen meiner geringsten Brüder getan habt, das habt ihr mir getan« (Mt 25,40).

Angelus am 26. November 2017

Mittwoch

Leander von Sevilla,
Paulina von Paulinzella

13 MÄRZ

WENN WIR IN NOT SIND

Dieses Wort (Mt 25,40) beeindruckt uns immer wieder, denn es offenbart uns, bis zu welchem Punkt die Liebe Gottes geht: bis zu dem Punkt, sich mit uns zu identifizieren, doch nicht, wenn es uns gut geht, wenn wir gesund und glücklich sind, nein, sondern wenn wir in Not sind. Und auf diese verborgene Weise können wir ihm begegnen, er reicht uns die Hand als Bettler. So offenbart Jesus das entscheidende Kriterium seines Urteils, das heißt die konkrete Liebe zum Nächsten, der sich in Schwierigkeiten befindet. Und so offenbart sich die Macht der Liebe, das Königtum Gottes: solidarisch mit den Leidenden, um überall Haltungen und Werke der Barmherzigkeit zu erwecken.

Angelus am 26. November 2017

Donnerstag

MÄRZ 14 Mathilde, Eva von Lüttich, Konrad Müller

JESUS DIENEN

Das Gleichnis vom Gericht fährt fort und zeigt dann den König, der jene abweist, die sich in ihrem Leben nicht um die Bedürfnisse der Brüder und Schwestern gekümmert haben. Auch in diesem Fall sind diese überrascht und fragen: »Herr, wann haben wir dich hungrig oder durstig oder obdachlos oder nackt oder krank oder im Gefängnis gesehen und haben dir nicht geholfen?« (Mt 25,44). Mit dem Hintergedanken: »Wenn wir dich gesehen hätten, hätten wir dir bestimmt geholfen!« Doch der König wird antworten: »Was ihr für einen dieser Geringsten nicht getan habt, das habt ihr auch mir nicht getan« (Mt 25,45). Am Ende unseres Lebens werden wir nach der Liebe gerichtet werden, das heißt nach unserem konkreten Bemühen, Jesus in unseren geringsten und bedürftigsten Brüdern und Schwestern zu lieben und zu dienen.

Angelus am 26. November 2017

JESUS AUFNEHMEN

Jesus wird am Ende der Zeiten kommen, um alle Völker zu richten, doch er kommt jeden Tag auf vielerlei Weisen zu uns, und er bittet uns, ihn aufzunehmen. Die Jungfrau Maria helfe uns, ihm in seinem Wort und in der Eucharistie und gleichzeitig in den Brüdern und Schwestern, die Hunger, Krankheit, Unterdrückung und Ungerechtigkeit erleiden, zu begegnen und ihn zu empfangen. Unsere Herzen mögen ihn im Heute unseres Lebens aufnehmen, damit wir von ihm in die Ewigkeit seines Reiches des Lichts und des Friedens aufgenommen werden.

Angelus am 26. November 2017

Samstag

MÄRZ 16 Julian von Tarsus, Heribert von Köln

MACHT EUCH BEMERKBAR

Das Evangelium wächst immer aus kleinen Wurzeln. Macht euch deswegen bemerkbar! Ich möchte euch bitten zu schreien – aber nein, nicht mit der Stimme – ich möchte, dass ihr mit dem Leben schreit, mit dem Herzen, sodass ihr Zeichen der Hoffnung seid für die Mutlosen, eine ausgestreckte Hand für den, der krank ist, ein einladendes Lächeln für den, der fremd ist, eine zuvorkommende Stütze für den, der alleine ist.

Predigt in der Eucharistiefeier in der Kathedrale St. Mary's in Yangon auf der apostolischen Reise nach Myanmar und Bangladesch am 30. November 2017

WIE KNECHTE SEIN

Das Thema der Wachsamkeit ist einer der Leitfäden des Neuen Testaments. Jesus sagt zu seinen Jüngern: »Legt euren Gürtel nicht ab, und lasst eure Lampen brennen! Seid wie Menschen, die auf die Rückkehr ihres Herrn warten, der auf einer Hochzeit ist, und die ihm öffnen, sobald er kommt und anklopft« (Lk 12,35-36). In dieser Zeit, die auf die Auferstehung Jesu folgt und in der friedliche und beängstigende Augenblicke einander abwechseln, machen die Christen es sich nie bequem. Das Evangelium legt uns nahe, wie Knechte zu sein, die nicht schlafen gehen, solange ihr Herr nicht nach Hause zurückgekehrt ist.

Generalaudienz am 11. Oktober 2017

Montag

MÄRZ 18 Cyrill von Jerusalem, Felicianus (Felix), Eduard von England

MIT GUTEN TATEN BESCHREIBEN

Diese Welt erfordert unsere Verantwortung, und wir übernehmen sie ganz und mit Liebe. Jesus will, dass unser Leben arbeitsam sei, dass wir nie die Achtsamkeit verlieren, um mit Dankbarkeit und Staunen jeden neuen Tag anzunehmen, der uns von Gott geschenkt wird. Jeder Morgen ist ein leeres Blatt, das der Christ mit guten Taten zu beschreiben beginnt. Wir sind bereits gerettet durch die Erlösung Jesu, aber jetzt erwarten wir die vollkommene Offenbarung seiner Herrschaft: wenn Gott schließlich über alles und in allem herrschen wird (vgl. 1 Kor 15,28).

Generalaudienz am 11. Oktober 2017

Dienstag

CH: JOSEPHSTAG

Josef, Bräutigam der Gottesmutter Maria

19 MÄRZ

WENN DER HERR KOMMT

Nichts ist im Glauben der Christen gewisser als dieser »Termin«, diese Begegnung mit dem Herrn, wenn er kommen wird. Und wenn dieser Tag kommen wird, dann wollen wir Christen wie jene Knechte sein, die die Nacht gegürtet und mit brennenden Lampen verbracht haben: Man muss bereit sein für das kommende Heil, bereit zur Begegnung. Habt ihr schon einmal darüber nachgedacht, wie jene Begegnung mit Jesus sein wird, wenn er kommen wird? Nun, es wird eine Umarmung sein, eine enorme Freude, eine große Freude! Wir müssen in Erwartung dieser Begegnung leben!

Generalaudienz am 11. Oktober 2017

Mittwoch

MÄRZ 20 FRÜHLINGSANFANG
Irmgard, Wolfram von Sens,
Maria Josepha Sancho

NÄHE DES MORGENS

Der Christ ist nicht für die Langeweile geschaffen, sondern vielmehr für die Geduld. Er weiß, dass auch in der Eintönigkeit gewisser Tage, die immer gleich sind, ein Geheimnis der Gnade verborgen liegt. Es gibt Menschen, die durch die Beharrlichkeit ihrer Liebe gleichsam zu Brunnen werden, die die Wüste bewässern. Nichts geschieht umsonst, und keine Situation, in der ein Christ eingebunden ist, ist völlig resistent gegen die Liebe. Keine Nacht ist so lang, dass sie die Freude der Morgenröte vergessen ließe. Und je finsterer die Nacht ist, desto näher ist die Morgenröte.

Generalaudienz am 11. Oktober 2017

Donnerstag

Axel von Lund,
Christian von Köln

21 MÄRZ

ALLES WIRD GERETTET WERDEN

Wenn wir mit Jesus vereint bleiben, dann lähmt uns die Kälte der schwierigen Augenblicke nicht; und selbst wenn die ganze Welt gegen die Hoffnung predigen würde, wenn sie sagen würde, dass die Zukunft nur dunkle Wolken bringt, dann weiß der Christ, dass in derselben Zukunft die Wiederkunft Christi liegt. Wann das geschehen wird, weiß niemand, aber der Gedanke, dass am Ende unserer Geschichte der barmherzige Jesus steht, genügt, um Vertrauen zu haben und das Leben nicht zu verfluchen. Alles wird gerettet werden. Alles. Wir werden leiden, es wird Augenblicke geben, die Wut und Empörung hervorrufen, aber die süße und machtvolle Erinnerung an Christus wird die Versuchung vertreiben zu meinen, dass dieses Leben falsch sei.

Generalaudienz am 11. Oktober 2017

MIT VERTRAUEN UND HOFFNUNG

Nachdem wir Jesus kennengelernt haben, können wir nichts anderes tun, als mit Vertrauen und Hoffnung die Geschichte zu erforschen. Jesus ist wie ein Haus, und wir sind drinnen, und durch die Fenster dieses Hauses betrachten wir die Welt. Daher dürfen wir uns nicht in uns selbst verschließen, dürfen nicht sehnsüchtig einer Vergangenheit nachweinen, die man als golden betrachtet. Vielmehr müssen wir stets nach vorn schauen, auf eine Zukunft, die nicht nur das Werk unserer Hände, sondern vor allem eine beständige Sorge der Vorsehung Gottes ist. Alles, was trüb ist, wird eines Tages licht werden.

Generalaudienz am 11. Oktober 2017

Samstag

Toribio de Mongrovejo,
Rebekka Ar Rayès

23 MÄRZ

ZUR WAHRHEIT GELANGEN

Gott verleugnet nicht sich selbst. Nie. Gott enttäuscht uns nie. Sein Wille uns gegenüber ist nicht nebulös, sondern er ist ein genau entworfener Heilsplan: »Er will, dass alle Menschen gerettet werden und zur Erkenntnis der Wahrheit gelangen« (1 Tim 2,4). Daher dürfen wir uns nicht mit Pessimismus dem Fluss der Ereignisse überlassen, so als wäre die Geschichte ein Zug, der außer Kontrolle geraten ist. Resignation ist keine christliche Tugend, ebenso wie es nicht christlich ist, mit den Schultern zu zucken oder den Kopf zu senken angesichts eines Schicksals, das unvermeidlich erscheint.

Generalaudienz am 11. Oktober 2017

Sonntag

MÄRZ 24

3. FASTENSONNTAG
Katharina von Schweden,
Elias von Rommersdorf

IMMER SELBST BEFRAGEN

Im heutigen Abschnitt aus dem Evangelium erwähnt Jesus zwei tragische Ereignisse, die zu jener Zeit für viel Aufsehen gesorgt hatten: eine blutige Repression durch römische Soldaten im Tempel und der Einsturz des Turms von Schiloach in Jerusalem, der 18 Todesopfer gefordert hatte (vgl. Lk 13,1-5). Jesus kennt die abergläubische Mentalität seiner Zuhörer und weiß, dass sie jene Art von Begebenheiten falsch interpretieren. Denn sie denken: Wenn jene Menschen so grausam ums Leben gekommen sind, ist dies ein Zeichen dafür, dass Gott sie aufgrund einer von ihnen begangenen schweren Schuld gestraft hat; so als sage man: »Sie haben es verdient.« Und die Tatsache, von dem Unglück verschont geblieben zu sein, war dagegen gleichbedeutend damit, sich »in Ordnung« zu fühlen. Sie »haben es verdient«, bei mir hingegen ist alles »in Ordnung«.

Angelus am 28. Februar 2016

MAHNUNG ANNEHMEN

Jesus weist diese Sicht (Lk 13,1-5) eindeutig zurück, da Gott die Tragödien nicht zulässt, um aufgrund einer Schuld zu bestrafen, und er sagt, dass jene armen Opfer in der Tat nicht schlechter waren als die anderen. Vielmehr fordert er dazu auf, diesen schmerzlichen Geschehnissen eine Mahnung zu entnehmen, die alle betrifft, weil wir alle Sünder sind. Denen nämlich, die ihn angesprochen hatten, sagt er: »Ihr alle werdet genauso umkommen, wenn ihr euch nicht bekehrt« (V. 3) Auch heute können wir angesichts gewisser Kümmernisse und tragischer Ereignisse in die Versuchung geraten, die Verantwortung auf die Opfer oder sogar Gott selbst »abzuladen«. Doch das Evangelium lädt uns zum Nachdenken ein: Welche Vorstellung von Gott haben wir uns gemacht?

Angelus am 28. Februar 2016

Dienstag

MÄRZ 26 Liudger von Münster (Ludger), Larissa (Lara)

DAS HERZ ÄNDERN

Glauben wir wirklich, dass Gott so ist, oder ist das nicht vielmehr unsere Projektion, ein Gott »nach unserem Bild und Gleichnis«? Im Gegensatz dazu ruft uns Jesus auf, das Herz zu ändern, eine radikale Umkehr auf dem Weg unseres Lebens zu vollziehen und dabei die Kompromisse mit dem Bösen aufzugeben – und solche Kompromisse mit dem Bösen schließen wir alle –, die Heucheleien – ich glaube, dass in uns allen wenigstens ein Stückchen von Heuchelei liegt –, um entschlossen den Weg des Evangeliums einzuschlagen.

Angelus am 28. Februar 2016

WIESO SOLLTEN WIR UNS BEKEHREN?

Aber sieh an, erneut kommt es da zur Versuchung, sich zu rechtfertigen (Lk 13,1-5): »Ja wieso sollten wir uns bekehren? Sind wir nicht im Grunde tüchtige Leute?« Wie oft haben wir das gedacht: »Nun, alles in allem bin ich ein tüchtiger Mann, eine tüchtige Frau – ist es nicht so? –, sind wir denn keine auch einigermaßen praktizierende Gläubige?« Und wir meinen, dass wir so gerechtfertigt sind.

Angelus am 28. Februar 2016

ZEIT DES DIENSTES CHRISTI

Leider ähnelt ein jeder von uns sehr einem Baum, der jahrelang vielfache Beweise für seine Unfruchtbarkeit geliefert hat. Zu unserem Glück aber ist Jesus wie jener Weingärtner, der mit seiner grenzenlosen Geduld noch einen Aufschub für den fruchtlosen Feigenbaum erwirkt: »Lass ihn dieses Jahr noch stehen«, sagt er zum Besitzer des Weinbergs, »vielleicht trägt er doch noch Früchte« (V. 8-9). Ein »Jahr« der Gnade: die Zeit des Dienstes Christi, die Zeit der Kirche vor seiner glorreichen Wiederkunft, die Zeit unseres Lebens, dessen Rhythmus von einer gewissen Anzahl von Fastenzeiten bestimmt wird, die uns als Gelegenheiten zur Einsicht und zum Heil angeboten werden.

Angelus am 28. Februar 2016

Freitag

Ludolf von Ratzeburg,
Helmstan (Helmut)

29 MÄRZ

DIE UNBESIEGBARE GEDULD JESU

Habt ihr an die Geduld Gottes gedacht? Habt ihr auch an seine beharrliche Sorge um die Sünder gedacht? Wie sehr sollten sie uns zur Ungeduld uns selbst gegenüber herausfordern! Es ist nie zu spät umzukehren, nie! Bis zum letzten Moment: die Geduld Gottes, der uns erwartet. Erinnert euch an jene kleine Geschichte der heiligen Therese vom Kinde Jesus, als sie für jenen zum Tode verurteilten Mann betete, einen Verbrecher, der den Trost der Kirche nicht empfangen wollte, er lehnte den Priester ab, er wollte nicht: Er wollte so sterben. Und sie betete im Konvent.

Angelus am 28. Februar 2016

Samstag

MÄRZ 30

Leonardo Murialdo (Leon),
Amadeus IX. von Savoyen

DER HERR RETTET UNS

Und als der Mann dann so weit war, hat er sich gerade in dem Moment, in dem er getötet werden sollte, an den Priester gewandt, das Kruzifix genommen und es geküsst. Die Geduld Gottes! Und dasselbe tut er auch mit uns, mit uns allen! Wie oft – wir wissen es nicht, wir werden es im Himmel wissen –, wie oft sind wir doch an dem Punkt da angelangt, [an dem wir zu fallen drohen], und der Herr rettet uns: Er rettet uns, weil er große Geduld mit uns hat. Und das ist seine Barmherzigkeit. Nie ist es zu spät umzukehren, doch es ist dringlich, es ist an der Zeit! Wir wollen heute beginnen.

Angelus am 28. Februar 2016

GESCHENK DER FREIHEIT

Auf dem Weg durch die Fastenzeit legt uns das Evangelium gerade [das] Gleichnis vom barmherzigen Vater vor (Lk 14,11-32), dessen Hauptperson ein Vater mit seinen beiden Söhnen ist. Die Erzählung lässt uns einige Züge dieses Vaters erkennen: Er ist ein Mann, der immer zur Vergebung bereit ist und wider alle Hoffnung hofft. Vor allem beeindruckt seine Toleranz gegenüber der Entscheidung des jüngeren Sohnes, von zu Hause fortzugehen: Er hätte sich dem widersetzen können, da er wusste, dass er noch unreif ist, ein noch junger Mann. Er gestattet es ihm aufzubrechen, obwohl er die möglichen Risiken voraussieht. So handelt Gott mit uns: Er lässt uns die Freiheit, auch die Freiheit, Fehler zu machen. Dieses Geschenk der Freiheit, das Gott uns gibt, versetzt mich immer wieder in Staunen.

Angelus am 6. März 2016

Montag

APRIL **01** Irene von Thessaloniki, Hugo von Grenoble, Cäsarius von Speyer

WIE VIEL ZÄRTLICHKEIT

Doch die Trennung von jenem Sohn ist nur leiblich. Der Vater behält ihn immer im Herzen; vertrauensvoll erwartet er seine Rückkehr. Er schaut forschend auf die Straße in der Hoffnung, ihn zu sehen. Und eines Tages sieht er ihn schon von Weitem kommen (Lk 14, 20). Das aber bedeutet, dass dieser Vater jeden Tag auf die Terrasse stieg, um nachzuschauen, ob sein Sohn zurückkommen würde! Und er hat Mitleid mit ihm, als er ihn sieht. Er läuft ihm entgegen, fällt ihm um den Hals und küsst ihn. Wie viel Zärtlichkeit! Dieser Sohn hatte etwas wirklich Schlimmes angestellt! Doch der Vater empfängt ihn auf diese Weise. Dieselbe Haltung nimmt der Vater auch gegenüber dem älteren Sohn an, der immer zu Hause geblieben war und der jetzt entrüstet ist und protestiert, weil er nicht begreift.

Angelus am 6. März 2016

Dienstag

Franz von Paola, Sandrina,
Maria von Ägypten

02 APRIL

DER HERR SUCHT UNS

Der Vater geht hinaus, er geht auch diesem Sohn entgegen und ruft ihm in Erinnerung, dass sie immer zusammen gewesen seien und alles gemeinsam hätten (Lk 14,31), es aber notwendig sei, voll Freude den Bruder aufzunehmen, der endlich nach Hause zurückgekommen ist. Und das lässt mich an etwas denken: Wenn sich einer als Sünder empfindet, sich wirklich gering fühlt, oder wie ich jemanden – viele – sagen gehört habe: »Pater, ich bin ein Dreck!«, dann ist das der Augenblick, zum Vater zu gehen. Wenn ich mich dagegen für gerecht halte – »Ich habe immer alles gut gemacht …« –, dann kommt der Vater ebenso, um nach uns zu suchen, da diese Haltung, sich für gerecht zu halten, eine schlechte Haltung ist: Das ist Hochmut! […] Der Vater erwartet jene, die sich als Sünder erkennen, und macht sich auf die Suche nach jenen, die sich für gerecht halten.

Angelus am 6. März 2016

Mittwoch

APRIL **03** Luigi Scrosoppi (Aloisius), Richard von Chichester, Elisabeth Koch

BARMHERZIG WIE DER VATER SEIN

In diesem Gleichnis (Lk 14,11-32) kann man auch einen dritten Sohn ausmachen. Einen dritten Sohn? Und wo? Er ist verborgen! Es ist jener, der »[nicht] daran festhielt, wie [der Vater] zu sein, sondern [sich] entäußerte und wie ein Sklave [wurde]« (Phil 2,6-7). Dieser Sohn und Sklave ist Jesus! Er ist die Erweiterung der Arme und des Herzens des Vaters: Er hat den Verlorenen aufgenommen und seine schmutzigen Füße gewaschen; er hat das Mahl für das Fest der Vergebung bereitet. Er, Jesus, lehrt uns, »barmherzig wie der Vater« zu sein.

Angelus am 6. März 2016

ER IST IMMER BEREIT

Die Gestalt des Vaters im Gleichnis [vom verlorenen Sohn] (Lk 14,11-32) offenbart das Herz Gottes. Er ist der barmherzige Vater, der uns in Jesus über alle Maßen liebt, er erwartet immer unsere Umkehr, jedes Mal, wenn wir einen Fehler machen. Er erwartet unsere Rückkehr, wenn wir uns von ihm in der Meinung entfernen, ohne ihn auskommen zu können. Er ist immer bereit, seine Arme für uns auszubreiten, was auch immer geschehen mag. Wie der Vater im Evangelium betrachtet uns auch Gott weiter als seine Kinder, wenn wir uns verirrt haben, und er kommt uns voll Zärtlichkeit entgegen, wenn wir zu ihm zurückkehren.

Angelus am 6. März 2016

Freitag

APRIL **05** Juliana von Lüttich, Vinzenz Ferrer

SEI IN FRIEDEN!

Die Fehler, die wir begehen, rütteln nicht an der Treue seiner [Gottes] Liebe, selbst wenn sie groß sind. Im Sakrament der Versöhnung können wir immer neu beginnen. Er nimmt uns auf, er gibt uns die Würde als Kinder zurück und sagt: »Geh voran! Sei in Frieden! Steh auf, geh voran!« Im verbleibenden Abschnitt der Fastenzeit, der uns noch vom Osterfest trennt, sind wir aufgerufen, den inneren Weg der Umkehr zu intensivieren. Wir wollen uns vom liebevollen Blick unseres Vaters erreichen lassen, ganzen Herzens umkehren und jeden Kompromiss mit der Sünde zurückweisen. Die selige Jungfrau Maria begleite uns bis zur erneuernden Umarmung mit der göttlichen Barmherzigkeit.

Angelus am 6. März 2016

DIE EIGENE BERUFUNG

Man kann sie auf vielerlei Weise entdecken, aber dieser Abschnitt des Evangeliums sagt uns, dass der erste Wegweiser die Freude über die Begegnung mit Jesus ist. Ehe, geweihtes Leben, Priestertum: Jede wahre Berufung beginnt mit einer Begegnung mit Jesus und schenkt uns Freude und neue Hoffnung; und sie führt uns, auch durch Prüfungen und Schwierigkeiten, zu einer immer umfassenderen Begegnung – die Begegnung wächst, wird immer größer, die Begegnung mit ihm – und zur Fülle der Freude.

Generalaudienz am 30. August 2017

Sonntag

APRIL **07**

5. FASTENSONNTAG
Johann Baptist de la Salle,
Burchard von Halberstadt

UMKEHREN UND LEBEN

Das Evangelium des heutigen fünften Sonntags der Fastenzeit (vgl. Joh 8,1-11) [...] legt die Episode über die Ehebrecherin vor und stellt das Thema der Barmherzigkeit Gottes ins Licht, der nie den Tod des Sünders will, sondern dass er umkehrt und lebt. Die Szene spielt sich auf dem Tempelberg ab. Stellt sie euch vor, dort auf den Treppen des Vorplatzes [des Petersdoms]. Jesus lehrt die Menschen, und siehe da: Es kommen einige Schriftgelehrte und Pharisäer, die vor ihn eine Frau zerren, die beim Ehebruch ertappt worden ist. Jene Frau steht so zwischen Jesus und der Menschenmenge (vgl. V. 3), zwischen der Barmherzigkeit des Gottessohnes und der Gewalt, der Wut ihrer Ankläger. Tatsächlich sind sie nicht zum Meister gekommen, um ihn nach seiner Meinung zu fragen – es waren schlechte Leute –, sondern um ihm eine Falle zu stellen.

Angelus am 13. März 2016

AUF DIE PROBE STELLEN

Denn wenn Jesus der Strenge des Gesetzes folgen und die Steinigung der Frau billigen wird, wird er seinen Ruf der Milde und Güte verlieren, der das Volk so sehr in Bann zieht (Joh 8,1-4). Wenn er dagegen barmherzig sein will, wird er gegen das Gesetz gehen müssen, von dem er selbst gesagt hat, es nicht abschaffen, sondern erfüllen zu wollen (vgl. Mt 5,17). Und Jesus wird in diese Lage gebracht. Diese schlechte Absicht verbirgt sich hinter der Frage, die sie Jesus stellen: »Nun, was sagst du?« (V. 5).

Angelus am 13. März 2016

Dienstag

APRIL 09

Waltrud von Mons (Waltraud), Konrad I., Casilda von Toledo

WER VON EUCH OHNE SÜNDE IST

Jesus antwortet nicht, er schweigt und tut etwas Geheimnisvolles: »[Er] bückte sich und schrieb mit dem Finger auf die Erde« (Joh 8,6). Auf diese Weise fordert er alle zur Ruhe auf. Er fordert sie auf, sich nicht von der Welle der Impulsivität zum Handeln bewegen zu lassen und die Gerechtigkeit Gottes zu suchen. Doch jene da, die Schlechten, fragen hartnäckig weiter und erwarten von ihm eine Antwort. Es hat den Anschein, als dürsteten sie nach Blut. So blickt Jesus auf und sagt: »Wer von euch ohne Sünde ist, werfe als Erster einen Stein auf sie« (V. 7). Diese Antwort verblüfft die Ankläger und entwaffnet sie im wahrsten Sinn des Wortes.

Angelus am 13. März 2016

WÜRDE VERLEIHEN

Wenn wir schlecht über die anderen reden – das sind alles Dinge, die uns wohlbekannt sind –, wie gut wird es uns tun, den Mut aufzubringen, die Steine auf den Boden fallen zu lassen, die wir in der Hand haben, um sie gegen die anderen zu werfen, und ein wenig an unsere Sünden zu denken! Zurück blieben allein die Frau und Jesus: das Elend und die Barmherzigkeit, beide einander gegenübergestellt. Wie oft geschieht dies auch uns, wenn wir voller Scham vor dem Beichtstuhl stehen, um unser Elend sehen zu lassen und um Vergebung zu bitten! »Frau, wo sind sie geblieben?« (Joh 8,10), sagt Jesus zu ihr. Und diese Feststellung und sein Blick voller Barmherzigkeit, voller Liebe genügen, um diese Person – vielleicht zum ersten Mal – spüren zu lassen, dass sie eine Würde hat.

Angelus am 13. März 2016

Donnerstag

APRIL **11** Stanislaus von Krakau, Reiner von Osnabrück, Gemma Galgani

ICH WILL, DASS DU LEBST

Jene Frau, [die gesteinigt werden sollte], steht für uns alle, die wir Sünder sind, das heißt Ehebrecher vor Gott, Verräter seiner Treue. Und ihre Erfahrung steht für den Willen Gottes für einen jeden von uns: nicht unsere Verdammnis, sondern unser Heil durch Jesus. Er ist die Gnade, die vor der Sünde und vor dem Tod rettet. Er hat den Urteilsspruch Gottes auf die Erde geschrieben, in den Staub, aus dem ein jeder Mensch geschaffen wurde (vgl. Gen 2,7): »Ich will nicht, dass du stirbst, sondern dass du lebst.« Gott nagelt uns nicht an unserer Sünde fest, er identifiziert uns nicht mit dem Bösen, das wir begangen haben.

Angelus am 13. März 2016

BEFREIUNG FINDEN

Wir haben einen Namen, und Gott identifiziert diesen Namen nicht mit der Sünde, die wir begangen haben. Er will uns befreien, er will, dass auch wir dies gemeinsam mit ihm tun wollen. Er will, dass sich unsere Freiheit vom Bösen zum Guten wendet, und das ist möglich – es ist möglich! – mit seiner Gnade. Die Jungfrau Maria stehe uns bei, uns ganz der Barmherzigkeit Gottes anzuvertrauen, um zu neuen Geschöpfen zu werden.

Angelus am 13. März 2016

Samstag

APRIL **13** Martin I., Ida von Boulogne, Paulus der Diakon

EINZUG HALTEN

Das Evangelium vor der Prozession (vgl. Mt 21,1-11) beschreibt, wie Jesus auf dem Rücken eines Eselsfohlens, auf dem noch nie jemand gesessen hat, vom Ölberg hinabreitet; es hebt die Begeisterung der Jünger hervor, die den Meister unter festlichem Jubel begleiten; und es ist naheliegend, sich vorzustellen, wie dies die Kinder und Jugendlichen der Stadt ansteckte, die sich mit ihren Rufen dem Festzug anschlossen. Jesus selbst erkennt in diesem freudigen Empfang eine unaufhaltsame gottgewollte Kraft, und so erwidert er den Anstoß nehmenden Pharisäern: »Ich sage euch: Wenn sie schweigen, werden die Steine schreien« (Lk 19,40).

Homilie zum 32. Weltjugendtag am 9. April 2017

Sonntag

PALMSONNTAG
Lidwina die Dulderin (Lidia),
Ernestine von Neuburg

14 APRIL

DEN MESSIAS ERKENNEN

Dieser Jesus, der gemäß der Schrift gerade auf diese Weise in die Heilige Stadt einzieht, ist kein Träumer, der falsche Hoffnungen verbreitet, nicht ein »New Age-Prophet« oder ein Schaumschläger, ganz im Gegenteil: Er ist ein ganz entschiedener Messias in der konkreten Gestalt des Knechts, des Gottesknechts und Dieners der Menschen, welcher der Passion entgegengeht; er ist der große Dulder des menschlichen Leidens.

Homilie zum 32. Weltjugendtag am 9. April 2017

Montag

APRIL **15** Nidger von Augsburg,
Waltmann von Antwerpen

VORAUSDENKEN LERNEN

Während also auch wir unseren König feiern, denken wir an die Leiden, die er in dieser Woche erdulden muss. Wir denken an die Verleumdungen, an die Schmähungen, die Fallstricke, die Untreue, die Verlassenheit, das ungerechte Urteil, die Schläge, die Geißelhiebe, die Dornenkrone ... und schließlich an den Kreuzweg bis hin zur Kreuzigung.

Homilie zum 32. Weltjugendtag am 9. April 2017

Dienstag

Benedikt Josef Labre,
Bernadette Soubirous

16 APRIL

FOLGE MIR NACH

[Jesus] hatte es seinen Jüngern deutlich gesagt: »Wenn einer hinter mir hergehen will, verleugne er sich selbst, nehme sein Kreuz auf sich und folge mir nach« (Mt 16,24). Er hat nie Ehren und Erfolg in Aussicht gestellt. Die Evangelien sprechen Klartext. Er hat seine Freunde stets darauf hingewiesen, dass dies sein Weg sein würde und dass der endgültige Sieg über Leiden und Kreuz führen würde. Dasselbe gilt auch für uns. Um Jesus treu zu folgen, bitten wir um die Gnade, dies nicht mit Worten, sondern mit Taten zu tun und unser Kreuz geduldig zu ertragen: es nicht abzulehnen oder von uns zu werfen, sondern mit Blick auf ihn es anzunehmen und Tag für Tag zu tragen.

Homilie zum 32. Weltjugendtag am 9. April 2017

DAS GESCHENK DER EUCHARISTIE

Am Abend vor seinem Leiden schenkte sich Jesus seinen Aposteln unter den Gestalten von Brot und Wein. Im Geschenk der Eucharistie erkennen wir mit den Augen des Glaubens nicht nur das Geschenk seines Leibes und seines Blutes; wir lernen auch, wie wir in seinen Wunden Ruhe finden und gereinigt werden von all unseren Sünden und Irrwegen. Indem ihr, liebe Brüder und Schwestern, in den Wunden Christi Zuflucht sucht, möget ihr den heilenden Balsam der Barmherzigkeit des Vaters verkosten und die Kraft finden, ihn den anderen zu bringen, um ihn auf jede Wunde und jede schmerzliche Erinnerung aufzutragen.

Predigt in der Eucharistiefeier im Kyaikkasan-Stadion in Yangon auf der apostolischen Reise nach Myanmar und Bangladesch am 29. November 2017

Donnerstag

GRÜNDONNERSTAG
Wigbert (Wigo) von Augsburg,
Ursmar von Lobbes (Urs), Aya von Mons

18 APRIL

DANN TUT ES!

Um Liebe unter uns zu säen, sage ich euch heute nicht, dass ihr hingehen und euch gegenseitig die Füße waschen sollt. Das wäre ein Witz. Aber das Symbol, das Bild, ja: Ich würde euch sagen, wenn ihr [...] dem Kamerad, der Kameradin helfen könnt, einen Dienst erweisen könnt, dann tut es! Denn das ist Liebe, das ist wie die Füße zu waschen. Es bedeutet, einander zu dienen. Einmal haben die Jünger darüber gestritten, wer von ihnen der größte, der wichtigste sei. Und Jesus sagt: »Wer wichtig sein will, der muss sich kleinmachen und Diener aller sein.«

Homilie in der Abendmahlsmesse am 13. April 2017

Freitag

APRIL **19** KARFREITAG
Marcel Callo, Leo IX.,
Gerold von Großwalsertal

DIE BOTSCHAFT ENTDECKEN

Es ist Jesus, der aus Liebe gestorben ist und den Gott am Ostermorgen auferweckt hat. Und das ist der Kernpunkt des christlichen Glaubens. Wenn die Evangelien mit dem Begräbnis Jesu enden würden, dann würde die Geschichte dieses Propheten zu all jenen Lebensläufen heroischer Personen hinzugefügt werden, die ihr Leben für ein Ideal hingegeben haben. Das Evangelium wäre dann ein erbauliches, auch tröstliches Buch, aber es wäre keine Verkündigung der Hoffnung.

Generalaudienz am 4. Oktober 2017

SICH VERÄNDERN LASSEN

Aber die Evangelien enden nicht mit dem Karfreitag, sie gehen darüber hinaus; und gerade dieses weitere Fragment ist es, das unser Leben verändert. Die Jünger Jesu waren an jenem Samstag nach seiner Kreuzigung niedergeschlagen; der Stein, der vor den Eingang des Grabes gerollt worden war, hatte auch die drei Jahre abgeschlossen, die sie mit Begeisterung mit ihrem Meister aus Nazaret verbracht hatten. Alles schien zu Ende zu sein, und einige verließen bereits Jerusalem, enttäuscht und verängstigt.

Generalaudienz am 4. Oktober 2017

Sonntag

APRIL **21**

OSTERSONNTAG
Konrad von Parzham,
Anselm von Canterbury

ER IST AUFERSTANDEN!

In der ganzen Welt verkündet heute die Kirche wie die ersten Jünger voll Staunen wieder neu: »Jesus ist auferstanden!« – »Er ist wirklich auferstanden, wie er gesagt hat!«
Das alte Paschafest, das Gedächtnis der Befreiung des Volkes der Hebräer aus der Knechtschaft, gelangt hier zu seiner Vollendung: Durch seine Auferstehung hat Jesus Christus uns von der Knechtschaft der Sünde und des Todes befreit und uns den Weg zum ewigen Leben erschlossen.
Wir alle verlieren, wenn wir uns von der Sünde beherrschen lassen, den rechten Weg und irren wie verlorene Schafe umher. Doch Gott selbst, unser Hirt, ist gekommen, um uns zu suchen; und um uns zu retten, hat er sich erniedrigt bis zur Demütigung des Kreuzes. Und so können wir heute ausrufen: »Auferstanden ist der Gute Hirt.«

Urbi et orbi am 16. April 2017

DER HERR GEHT UNS ENTGEGEN

Durch die Zeiten hindurch wird der auferstandene Hirt nicht müde, uns zu suchen, seine Brüder und Schwestern, die sich in den Wüsten der Welt verirrt haben. Und mit den Zeichen seines Leidens – die Wunden seiner erbarmenden Liebe – zieht er uns auf seinen Weg, den Weg des Lebens. Auch heute nimmt er viele unserer Brüder und Schwestern, die vom Bösen in seinen verschiedenen Formen heimgesucht werden, auf die Schultern.
Der auferstandene Hirt geht den suchen, der sich in den Labyrinthen der Einsamkeit und der Ausgrenzung verirrt hat; er geht ihnen in den Brüdern und Schwestern entgegen, die sich respektvoll und liebevoll zu nähern wissen und fähig sind, jene Menschen seine Stimme hören zu lassen – eine Stimme, die man nie vergisst und die sie wieder zur Freundschaft mit Gott ruft.

Urbi et orbi am 16. April 2017

Dienstag

APRIL 23 Adalbert von Prag, Georg der Märtyrer,
Gerhard von Toul

SICH KÜMMERN

[Der Auferstandene] kümmert sich um alle, die Opfer alter und neuer Sklavereien sind: unmenschliche Arbeiten, widerrechtliche Geschäfte, Ausbeutung und Diskriminierung, schwere Abhängigkeiten. Er kümmert sich um die Kinder und Jugendlichen, die ihrer Unbeschwertheit beraubt und ausgebeutet werden; und um diejenigen, deren Herz durch im eigenen Zuhause erlittene Gewalt verwundet wurde.

Urbi et orbi am 16. April 2017

BEGEGNUNGEN WAHRNEHMEN

Der auferstandene Hirt macht sich zum Weggefährten all derer, die gezwungen sind, aufgrund bewaffneter Konflikte, terroristischer Angriffe, Hungersnöte oder unterdrückerischer Regime die eigene Heimat zu verlassen. Er lässt diese erzwungenermaßen umherziehenden Migranten immer und überall Brüdern und Schwestern begegnen, um auf dem gemeinsamen Weg Brot und Hoffnung zu teilen. Der auferstandene Herr leite angesichts der vielschichtigen und mitunter dramatischen Geschehnisse bei den Völkern die Schritte derer, die nach Gerechtigkeit und Frieden suchen; er gebe den Verantwortlichen der Nationen den Mut, das Ausweiten der Konflikte zu verhindern und den Waffenhandel zu unterbinden.

Urbi et orbi am 16. April 2017

Evangelist Markus, Ermin (Erwin) von Lobbes, Franka Vitalta, Hermann I.

DAS BÖSE BESIEGEN

Der Herr helfe allen Kleinen und Armen der Welt, weiterhin daran zu glauben und darauf zu hoffen, dass das Reich Gottes nahe ist, dass es mitten unter uns ist und dass es »Gerechtigkeit, Friede und Freude im Heiligen Geist« ist (Röm 14,17). Er stehe all denen bei, die sich Tag für Tag mühen, das Böse durch das Gute zu besiegen mit Gesten und Worten der Brüderlichkeit, des Respekts, der Begegnung, der Solidarität.

Gebetsvigil für den Frieden im Südsudan und der demokratischen Republik Kongo am 23. November 2017

Freitag

Radbert von Corbie,
Richarius von Centula

26 APRIL

DIE LIEBE VERWANDELT

In der Tat hat Jesus uns gezeigt, dass nicht der Tod das letzte Wort hat, sondern dass uns die barmherzige Liebe des Vaters verwandelt und eintreten lässt in die ewige Gemeinschaft mit ihm. Ein grundlegendes Wesensmerkmal des Christen ist der Sinn für die fiebernde Erwartung der endgültigen Begegnung mit Gott. Wir haben das eben im Antwortpsalm bekräftigt: »Meine Seele dürstet nach Gott, nach dem lebendigen Gott. Wann darf ich kommen und erscheinen vor Gottes Angesicht?« (Ps 42,3). Diese poetischen Worte interpretieren auf bewegende Weise unsere gespannte Erwartung, die nach Liebe, Schönheit, Glückseligkeit und göttlicher Weisheit dürstet.

Predigt in der Papstmesse für die im Laufe des Jahres verstorbenen Kardinäle und Bischöfe am 3. November 2017

Samstag

APRIL 27 Petrus Kanisius, Zita, Floribert von Lüttich

AN DER AUFERSTEHUNG TEILHABEN

Jesus ersteht von den Toten auf! Diese unerwartete Tatsache kehrt den Verstand und das Herz der Jünger um und stellt alles auf den Kopf. Denn Jesus ersteht nicht nur für sich selbst auf, so als sei sein Wiedererstehen ein Vorrecht, das eifersüchtig gehütet werden müsse: Er steigt zum Vater auf, weil er will, dass alle Menschen an seiner Auferstehung teilhaben und jedes Geschöpf in die Höhe mitgenommen wird.

Generalaudienz am 4. Oktober 2017

WIR SIND GOTTESKINDER

Wir wissen, dass wir jeden Sonntag der Auferstehung Jesu, unseres Herrn, gedenken, doch in dieser Zeit nach Ostern nimmt der Sonntag eine noch lichtvollere Bedeutung an. In der Tradition der Kirche wurde der heutige Sonntag, der erste nach Ostern, »in albis« genannt. Was bedeutet das? Der Ausdruck sollte den Ritus in Erinnerung rufen, den all jene vollzogen, die in der Osternacht die Taufe empfangen hatten. Einem jeden von ihnen wurde ein weißes Gewand überreicht – »alba«, »weiß« –, um auf die neue Würde der Gotteskindschaft zu verweisen.

Regina Caeli am 23. April 2017

Montag

APRIL 29

Katharina von Siena, Roswitha von Liesborn, Dietrich von Thoreida

EIN NEUES LEBEN BEGINNEN

Noch heute tut man das: Den Neugeborenen wird ein kleines symbolisches Kleid umgelegt, während sich die Erwachsenen mit einem richtigen Gewand kleiden, wie wir bei der Feier der Osternacht gesehen haben. Und in der Vergangenheit wurde jenes weiße Gewand eine Woche lang getragen bis zu diesem Sonntag [der Barmherzigkeit], und daher kommt der Name »in albis deponendis«, was heißt: Sonntag, an dem das weiße Gewand abgelegt wird. Und nachdem das weiße Gewand abgelegt wurde, begannen die Neugetauften so ihr neues Leben in Christus und in der Kirche.

Regina Caeli am 23. April 2017

SO SENDE ICH EUCH

Während des Jubiläums des Jahres 2000 legte der heilige Johannes Paul II. fest, dass dieser Sonntag der Göttlichen Barmherzigkeit geweiht werde. Es ist wahr, das war eine schöne Eingebung: Es war der Heilige Geist, der ihn dabei inspirierte. Dieser Sonntag [der Barmherzigkeit] lädt uns ein, kraftvoll die Gnade wieder aufzunehmen, die der Barmherzigkeit Gottes entspringt. Das heutige Evangelium berichtet von der Erscheinung des auferstandenen Christus vor den im Abendmahlssaal versammelten Jüngern (vgl. Joh 20,19-31). Der heilige Johannes schreibt, dass Jesus seine Jünger begrüßte und dann zu ihnen sagte: »Wie mich der Vater gesandt hat, so sende ich euch« (V. 21).

Regina Caeli am 23. April 2017

Mittwoch

MAI **01** MAIFEIERTAG,
A: STAATSFEIERTAG
Josef der Arbeiter

FRIEDEN DES HERZENS

Das also ist der Sinn der Barmherzigkeit, die sich gerade dem Tag der Auferstehung Jesu als Vergebung der Sünden zeigt. Der auferstandene Jesus hat seiner Kirche als erste Aufgabe seine eigene Sendung anvertraut, allen die konkrete Botschaft der Vergebung zu überbringen. Das ist die erste Aufgabe: die Vergebung zu verkündigen. Dieses sichtbare Zeichen seines Erbarmens bringt mit sich den Frieden des Herzens und die Freude über die erneute Begegnung mit dem Herrn.

Regina Caeli am 23. April 2017

BARMHERZIGKEIT SCHENKEN

Im Licht des Osterfestes lässt sich die Barmherzigkeit als eine wahre Form der Erkenntnis wahrnehmen. Und das ist wichtig: Die Barmherzigkeit ist eine wahre Form der Erkenntnis. Wir wissen, dass man durch vielerlei Formen erkennt. Man erkennt durch die Sinne, man erkennt durch die Intuition, durch die Vernunft und noch durch andere Formen. Gut, man kann auch durch die Erfahrung der Barmherzigkeit erkennen, denn die Barmherzigkeit öffnet die Tür des Geistes, um das Geheimnis Gottes und unseres persönlichen Daseins besser zu verstehen. Die Barmherzigkeit lässt uns begreifen, dass Gewalt, Groll, Vergeltung keinen Sinn haben, und das erste Opfer ist derjenige, der diese Gefühle lebt, da er sich seiner Würde beraubt.

Regina Caeli am 23. April 2017

BARMHERZIGKEIT LEBEN

Die Barmherzigkeit öffnet auch die Tür des Herzens und gestattet es, Nähe vor allem gegenüber jenen zum Ausdruck zu bringen, die allein und ausgegrenzt sind, da sie uns spüren lässt, dass wir Brüder und Schwestern und Kinder des einen Vaters sind. Sie begünstigt die Anerkennung all derer, die des Trostes bedürfen, und lässt angemessene Worte finden, um Stärkung zu schenken. [Die] Barmherzigkeit erwärmt das Herz und macht es durch gemeinsames Teilen und Anteilnahme für die Not der Nächsten empfänglich. Die Barmherzigkeit also nimmt alle in die Pflicht, Werkzeuge der Gerechtigkeit, der Aussöhnung und des Friedens zu sein. Wir wollen nie vergessen, dass die Barmherzigkeit der Grundpfeiler des Glaubenslebens und die konkrete Form ist, mit der wir der Auferstehung Jesu Sichtbarkeit verleihen.

Regina Caeli am 23. April 2017

ER WILL ZEUGEN

Wie schön ist es, daran zu denken, dass man Künder der Auferstehung Jesu ist – nicht nur mit Worten, sondern mit Taten und mit dem Zeugnis des Lebens! Jesus will keine Jünger, die nur Formeln wiedergeben können, die sie auswendig gelernt haben. Er will Zeugen: Menschen, die Hoffnung verbreiten durch ihre Art anzunehmen, zu lächeln, zu lieben. Vor allem zu lieben: Denn die Kraft der Auferstehung macht die Christen fähig zu lieben, auch wenn die Liebe ihre Gründe verloren zu haben scheint.

Generalaudienz am 4. Oktober 2017

Sonntag

MAI **05**

3. SONNTAG DER OSTERZEIT
Godehard von Hildesheim,
Jutta von Sangerhausen

ER SUCHT UNS

Das heutige Evangelium erzählt mit der Beschreibung des wunderbaren Fischfangs von der dritten Erscheinung des auferstandenen Jesus vor den Jüngern am Ufer des Sees von Tiberias (vgl. Joh 21,1-19). Der Bericht ist im Rahmen des alltäglichen Lebens der Jünger angesiedelt, die nach den erschütternden Tagen des Leidens, des Todes und der Auferstehung des Herrn in ihre Heimat und zu ihrer Arbeit als Fischer zurückgekehrt sind. Es war schwierig für sie, das Geschehene zu begreifen. Doch während alles zu Ende zu sein schien, ist es wieder Jesus, der erneut seine Jünger »sucht«. Er ist es, der sie suchen geht.

Regina Caeli am 10. April 2016

DEN HERRN ERKENNEN

Dieses Mal begegnet er ihnen am See, wo sie die Nacht in den Booten verbracht haben, ohne etwas zu fangen. Die leeren Netze erscheinen in einem gewissen Sinn wie die Bilanz ihrer Erfahrung mit Jesus: Sie hatten ihn kennengelernt, sie hatten alles verlassen, um ihm nachzufolgen, voller Hoffnung ... Und jetzt? Ja, sie hatten gesehen, dass er auferstanden war, doch dann dachten sie: »Er ist weggegangen und hat uns verlassen ... Es ist, als sei es ein Traum gewesen ...« Doch siehe da: Am Morgen steht Jesus am Ufer des Sees; sie aber erkennen ihn nicht (vgl. Joh 21,4). Zu jenen müden und enttäuschten Fischern sagt der Herr: »Werft das Netz auf der rechten Seite des Bootes aus, und ihr werdet etwas fangen« (V. 6).

Regina Caeli am 10. April 2016

Dienstag

MAI 07

Gisela von Ungarn, Helga von Niedernburg, Rosa Venerini

MIT SCHWUNG UND GEWISSHEIT

Die Jünger vertrauten Jesus mit dem Ergebnis, dass der Fischfang unglaublich reich war. Da wendet sich Johannes an Petrus und sagt: »Es ist der Herr!« (Joh 21,7). Und sofort springt Petrus ins Wasser und schwimmt ans Ufer, zu Jesus. Dieser Ausruf »Es ist der Herr!« umfasst die ganze Begeisterung des österlichen Glaubens, der voll Freude und Staunen ist und in einem starken Gegensatz steht zur Fassungslosigkeit, Niedergeschlagenheit, zum Eindruck der Ohnmacht, die sich im Gemüt der Jünger angesammelt hatten. Die Gegenwart des auferstandenen Jesus verwandelt alles: Die Finsternis ist vom Licht besiegt worden, die unnütze Arbeit wird erneut fruchtbar und vielversprechend, ein neuer Schwung und die Gewissheit, dass er bei uns ist, treten an die Stelle des Gefühls der Müdigkeit und der Verlassenheit.

Regina Caeli am 10. April 2016

DAS UNVERGÄNGLICHE LICHT

Wenn es für einen oberflächlichen Blick bisweilen den Anschein haben kann, dass die Finsternis des Bösen und die Mühseligkeit des alltäglichen Lebens die Oberhand haben, so weiß die Kirche mit Gewissheit, dass über allen, die Jesus, dem Herrn, nachfolgen, nunmehr das unvergängliche Licht von Ostern scheint. Die große Botschaft von der Auferstehung flößt den Herzen der Gläubigen innige Freude und unbesiegbare Hoffnung ein. Christus ist wahrhaft auferstanden!

Regina Caeli am 10. April 2016

Donnerstag

MAI 09 Beatus, Ottokar III., Volkmar von Niederaltaich, Theresia Gerhardinger

GOTT NEIGT SICH HERAB

Maria ist der erste Lichtschein, der das Ende der Nacht und vor allem den nahen Tag ankündigt. Ihre Geburt lässt uns die liebevolle, zärtliche, erbarmende Initiative der Liebe erahnen, mit der Gott sich bis zu uns herabneigt und uns zu einem wunderbaren Bund mit ihm ruft, den nichts und niemand zerstören können wird. Maria war für das Licht Gottes durchlässig und hat den Schein dieses Lichts in ihrem Haus widergespiegelt, das sie mit Josef und Jesus teilte, wie auch in ihrem Volk, in ihrem Land und in jenem gemeinsamen Haus der ganzen Menschheit, das die Schöpfung ist.

Predigt in der Eucharistiefeier auf der apostolischen Reise nach Kolumbien am 8. September 2017

LEBENDIGES BROT

Der […] Abschnitt aus dem Johannesevangelium ist Teil der Rede vom ›Brot des Lebens‹ (vgl. 6,51-58). Jesus erklärt: »Ich bin das lebendige Brot, das vom Himmel herabgekommen ist. Das Brot, das ich geben werde, ist mein Fleisch, ich gebe es hin für das Leben der Welt« (V. 51). Er will sagen, dass ihn der Vater als Speise des ewigen Lebens in die Welt gesandt hat und dass er deshalb sich selbst, sein Fleisch, aufopfern wird. In der Tat hat Jesus am Kreuz seinen Leib hingegeben und sein Blut vergossen. Der gekreuzigte Menschensohn ist das wahre Osterlamm, das uns aus der Knechtschaft der Sünde herausführt und uns auf dem Weg zum Gelobten Land beisteht.

Angelus 18. Juni 2017

Samstag

MAI **11** Mamertus, Joachim Tabernitz, Lucina, Gangolf

WER BITTET, DER EMPFÄNGT

Wie oft stellte sich die Jungfrau Maria auf ihrem Weg die Frage: »Warum?« Doch in ihrem Herzen, das alles erwog, ließ die Gnade Gottes den Glauben und die Hoffung erglänzen. Und es gibt eine Weise, in die Erinnerung Gottes eine Bresche zu schlagen: unser Gebet, wie uns der Abschnitt aus dem Evangelium lehrt, den wir gehört haben (vgl. Lk 11,5-13). Wenn man betet, bedarf es des Mutes des Glaubens: darauf zu vertrauen, dass der Herr uns hört, den Mut, an die Tür zu klopfen. Der Herr sagt es uns: »Wer bittet, der empfängt; wer sucht, der findet; und wer anklopft, dem wird geöffnet« (V. 10). Und dazu bedarf es des Mutes.

Predigt zum 100. Gründungsjubiläum der Kongregation für die orientalischen Kirchen am 12. Oktober 2017

AUF SEINE STIMME HÖREN

Das […] Evangelium (Joh 10,27-30) legt uns einige Worte Jesu vor, die dieser beim Fest der Tempelweihe von Jerusalem gesprochen hat […]. Er befindet sich gerade im Bereich des Tempels, und vielleicht flößt ihm dieser eingezäunte heilige Raum das Bild des Schafstalls und des Hirten ein. Jesus offenbart sich als »der Gute Hirt« und sagt: »Meine Schafe hören auf meine Stimme; ich kenne sie, und sie folgen mir. Ich gebe ihnen ewiges Leben. Sie werden niemals zugrunde gehen, und niemand wird sie meiner Hand entreißen« (Joh 10,27-28). Diese Worte helfen uns zu verstehen, dass niemand sagen kann, er folge Jesus nach, wenn er nicht auf seine Stimme hört.

Regina Caeli am 17. April 2016

Montag

MAI 13 Servatius von Tongern, Agnes von Poitiers

MIT DEM HERZEN HÖREN

Dieses »hören« (Joh 10,27) darf nicht oberflächlich verstanden werden, sondern es bezieht den Hörer ein, sodass es ein wahres gegenseitiges Kennenlernen ermöglicht, aus dem sich eine großherzige Nachfolge ergeben kann, die in den Worten »und sie folgen mir« (Joh 10,27) zum Ausdruck kommt. Es handelt sich nicht nur um ein Hören mit den Ohren, sondern um ein Hören mit dem Herzen.

Regina Caeli am 17. April 2016

ER IST UNSER ERLÖSER

Das Bild vom Hirten und den Schafen also zeigt die enge Beziehung, die Jesus mit einem jeden von uns eingehen will. Er ist unser Führer, unser Meister, unser Freund, unser Vorbild, vor allem aber ist er unser Erlöser. Der dem Abschnitt aus dem Evangelium unmittelbar folgende Satz lautet nämlich: »Ich gebe ihnen ewiges Leben. Sie werden niemals zugrunde gehen und niemand wird sie meiner Hand entreißen« (Joh 10,28). Wer kann so sprechen? Allein Jesus, denn die »Hand« Jesu ist eins ist mit der »Hand« des Vaters, und der Vater »ist größer als alle« (Joh 10,29). Diese Worte vermitteln uns einen Eindruck absoluter Sicherheit und unendlicher Zärtlichkeit.

Regina Caeli am 17. April 2016

Mittwoch

MAI 15 Sophia von Rom,
Rupert von Bingen, Isidor

LEBEN IN FÜLLE

Unser Leben ist in den Händen Jesu und des Vaters, die eins sind, in völliger Sicherheit: eine einzige Liebe, eine Barmherzigkeit, ein für alle Mal im Kreuzesopfer offenbart. Um die verlorenen Schafe zu retten, die wir alle sind, ist der Hirt zum Lamm geworden und hat sich aufopfern lassen, um die Sünde der Welt auf sich zu nehmen und sie hinwegzunehmen. Auf diese Weise hat er uns das Leben geschenkt, das Leben in Fülle (vgl. Joh 10,10)! Dieses Geheimnis erneuert sich am Tisch der Eucharistie in einer immer überraschenden Demut. Das ist der Ort, wo die Schafe sich versammeln, um sich zu nähren; und dort werden sie eins, untereinander und mit dem Guten Hirten.

Regina Caeli am 17. April 2016

Donnerstag

Johannes Nepomuk,
Luigi Orione

16 MAI

DIE LIEBE JESU IST UNBESIEGBAR

Deshalb (Joh 10,10) haben wir keine Angst mehr: Unser Leben ist nun aus der Verderbnis gerettet. Nichts und niemand wird uns den Händen Jesu entreißen können, denn nichts und niemand kann seine Liebe besiegen. Die Liebe Jesu ist unbesiegbar! Der Teufel, der große Feind Gottes und seiner Geschöpfe, versucht auf vielerlei Weise, uns das ewige Leben zu entreißen. Doch der Teufel vermag nichts, wenn nicht wir es sind, die ihm die Türen unserer Seele öffnen und seinen trügerischen Verlockungen folgen. Die Jungfrau Maria hat die Stimme des Guten Hirten gehört und ist ihr fügsam gefolgt. Sie möge uns beistehen, voll Freude die Einladung Jesu anzunehmen, seine Jünger zu werden und immer in der Gewissheit zu leben, in den väterlichen Händen Gottes zu sein.

Regina Caeli am 17. April 2016

Freitag

MAI 17 Walter von Mondsee, Bruno von Kärnten

ER IST AUS LIEBE GESTORBEN

Christus [...] gibt uns das Leben zurück; Christus ist die Fülle des Lebens, und als er den Tod auf sich genommen hat, hat er ihn für immer vernichtet: Er hat »durch seine Auferstehung den Tod bezwungen und das Leben neu geschaffen« (Viertes Eucharistisches Hochgebet). Das Pascha Christi ist der endgültige Sieg über den Tod, denn er hat seinen Tod in den höchsten Akt der Liebe verwandelt. Er ist aus Liebe gestorben! Und in der Eucharistie will er uns seine österliche, siegreiche Liebe mitteilen. Wenn wir sie im Glauben annehmen, können auch wir Gott und den Nächsten wirklich lieben, können wir so lieben, wie er uns geliebt hat, in der Hingabe des Lebens.

Generalaudienz am 22. November 2017

Samstag

Johannes I., Felix von Cantalice,
Dietmar von Neumünster

18 MAI

JESUS IST DA

Wenn die Liebe Christi in mir ist, dann kann ich mich dem anderen ganz hinschenken in der inneren Gewissheit, dass ich auch dann, wenn der andere mich verletzen sollte, nicht sterben würde; sonst müsste ich mich verteidigen. Die Märtyrer haben gerade aufgrund dieser Gewissheit des Sieges Christi über den Tod das Leben hingegeben. Nur wenn wir diese Macht Christi erfahren, die Macht seiner Liebe, sind wir wirklich frei, uns ohne Angst hinzuschenken. Das ist die Messe: in dieses Leiden, diesen Tod, diese Auferstehung und Himmelfahrt Christi einzutreten. Wenn wir in die Messe gehen, dann ist es, als gingen wir nach Golgota; es ist dasselbe. Denkt einmal darüber nach: dass wir im Augenblick der Messe nach Golgota gehen – stellen wir uns das in Gedanken vor – und wissen, dass dieser Mensch dort Jesus ist.

Generalaudienz am 22. November 2017

Sonntag

MAI 19

5. SONNTAG DER OSTERZEIT
Kuno von Regensburg (Konrad), Yves Hélory (Ivo), Maria Bernarda Büttler

FREUDE AUS DEM EVANGELIUM

Alle Christen sind als Missionare des Evangeliums eingesetzt! Denn der Jünger empfängt das Geschenk der Liebe Gottes nicht zum privaten Trost. Er ist nicht gerufen, sich selbst zu bringen oder die Interessen einer Firma zu vertreten. Er wird ganz einfach von der Freude, sich von Gott geliebt zu wissen, berührt und verwandelt, und er kann diese Erfahrung nicht nur für sich behalten: »Die Freude aus dem Evangelium, die das Leben der Gemeinschaft der Jünger erfüllt, ist eine missionarische Freude« (Apostol. Schreiben Evangelii gaudium, 21).

Botschaft zum 54. Weltgebetstag für geistliche Berufe am 27. November 2016

Montag

Bernhardin von Siena, Valeria,
Elfriede von Mercien

20 MAI

UNSER HAUPT ZU GOTT ERHEBEN

Der missionarische Einsatz ist also nicht etwas, das wie schmückendes Beiwerk zum christlichen Leben hinzukäme, sondern er ist im Gegenteil im Herzen des Glaubens angesiedelt: Die Beziehung zum Herrn schließt ein, als Propheten seines Wortes und Zeugen seiner Liebe in die Welt gesandt zu werden. Auch wenn wir in uns selbst zahlreiche Schwachheiten erleben und uns zuweilen entmutigt fühlen können, müssen wir unser Haupt zu Gott erheben, ohne uns vom Bewusstsein unserer Unzulänglichkeit erdrücken zu lassen oder dem Pessimismus nachzugeben, der uns zu passiven Zuschauern eines müden Lebens mit eingefahrenen Gewohnheiten macht. Angst hat hier keinen Platz, denn Gott selbst kommt, um unsere »unreinen Lippen« zu reinigen und uns für die Mission geeignet zu machen.

Botschaft zum 54. Weltgebetstag für geistliche Berufe am 27. November 2016

Dienstag

MAI 21 Hermann Josef von Steinfeld, Konstantin d. Große, Christophorus Magallanes

HIER BIN ICH, SENDE MICH!

Jeder missionarische Jünger spürt in seinem Herzen diese göttliche Stimme, die ihn auffordert, zu den Menschen zu gehen wie Jesus, »Gutes zu tun und alle zu heilen« (vgl. Apg 10,38). [...] Das gilt insbesondere für diejenigen, die zu einem Leben besonderer Weihe berufen sind, und auch für die Priester, die großherzig geantwortet haben: »Hier bin ich, Herr, sende mich!« Sie sind aufgerufen, [...] aus den heiligen Einzäunungen der Kirche hinauszutreten, um es der Zärtlichkeit Gottes zu erlauben, für die Menschen überzuströmen (vgl. Predigt in der Chrisam-Messe, 24. März 2016). Die Kirche braucht derartige Priester: vertrauensvoll und zuversichtlich, weil sie den wahren Schatz entdeckt haben, und die sich ungeduldig danach sehnen, ihn voller Freude allen bekannt zu machen (vgl. Mt 13,44).

Botschaft zum 54. Weltgebetstag für geistliche Berufe am 27. November 2016

VON MISSION SPRECHEN

Sicherlich tauchen nicht wenige Fragen auf, wenn wir von christlicher Mission sprechen: Was bedeutet es, Missionar des Evangeliums zu sein? Wer gibt uns die Kraft und den Mut zur Verkündigung? Von welcher evangeliumsgemäßen Logik ist die Mission inspiriert? Auf diese Fragen können wir eine Antwort finden, wenn wir drei Szenarien des Evangeliums betrachten: den Beginn der Sendung Jesu in der Synagoge von Nazaret (vgl. Lk 4,16-30); den Weg, den er als Auferstandener mit den Emmausjüngern geht (vgl. Lk 24,13-35); und schließlich das Gleichnis vom Samenkorn (vgl. Mk 4,26-27).

Botschaft zum 54. Weltgebetstag für geistliche Berufe am 27. November 2016

Donnerstag

MAI **23** Desiderius von Langres, Wigbert von Gorze

ER HAT MICH GESANDT

Jesus ist vom Heiligen Geist gesalbt und gesandt. Missionarischer Jünger zu sein bedeutet, aktiv an der Mission Christi teilzunehmen, die Jesus selbst in der Synagoge von Nazaret beschreibt: »Der Geist des Herrn ruht auf mir; denn der Herr hat mich gesalbt. Er hat mich gesandt, damit ich den Armen eine gute Nachricht bringe; damit ich den Gefangenen die Entlassung verkünde und den Blinden das Augenlicht; damit ich die Zerschlagenen in Freiheit setze und ein Gnadenjahr des Herrn ausrufe« (Lk 4,18-19). Das ist auch unsere Mission: vom Heiligen Geist gesalbt zu sein und zu den Brüdern und Schwestern zu gehen, um das Wort Gottes zu verkünden und so für sie ein Werkzeug des Heils zu werden.

Botschaft zum 54. Weltgebetstag für geistliche Berufe am 27. November 2016

Freitag

Maria – Hilfe der Christen,
Ester, Johanna, Dagmar von Dänemark

24 MAI

JESUS GEHT AN UNSERER SEITE

Angesichts der Fragen, die aus dem Herzen des Menschen aufsteigen, und der Herausforderungen, die die Realität stellt, kann uns das Gefühl der Ratlosigkeit überkommen und wir können einen Mangel an Energie und Hoffnung feststellen. Es besteht die Gefahr, dass die christliche Mission als bloße, nicht realisierbare Utopie erscheint oder zumindest als Wirklichkeit, die unsere Kräfte übersteigt.

Botschaft zum 54. Weltgebetstag für geistliche Berufe am 27. November 2016

Samstag

MAI 25 Gregor VII., Urban I.,
Maria Magdalena von Pazzi

ER GEHT DENSELBEN WEG

Wenn wir [...] den auferstandenen Christus betrachten, wie er an der Seite der Emmausjünger geht (vgl. Lk 24,13-15), kann unser Vertrauen Kraft schöpfen. In dieser Begebenheit des Evangeliums stehen wir vor einer wirklichen »Liturgie des Weges«, die der Liturgie des Wortes und des gebrochenen Brotes vorausgeht und die uns mitteilt, dass Jesus bei jedem unserer Schritte an unserer Seite ist! Die beiden Jünger, verletzt vom Skandal des Kreuzes, kehren auf dem Weg der Niederlage nach Hause zurück: Im Herzen tragen sie eine zerbrochene Hoffnung und einen Traum, der sich nicht verwirklicht hat. In ihnen ist Traurigkeit an die Stelle der Freude des Evangeliums getreten. Was tut Jesus? Er verurteilt sie nicht, er geht denselben Weg wie sie und statt eine Mauer zu errichten, öffnet er eine neue Bresche.

Botschaft zum 54. Weltgebetstag für geistliche Berufe am 27. November 2016

JESUS GEHT MIT

Langsam verwandelt [Jesus die] Entmutigung [der Jünger], lässt ihr Herz brennen und öffnet ihnen die Augen, als er das Wort verkündet und das Brot bricht. So trägt auch der Christ nicht allein die Pflicht der Mission, sondern er erfährt auch in Mühe und Unverständnis, »dass Jesus mit ihm geht, mit ihm spricht, mit ihm atmet, mit ihm arbeitet. Er spürt, dass der lebendige Jesus inmitten der missionarischen Arbeit bei ihm ist« (Apostol. Schreiben Evangelii gaudium, 266).

Botschaft zum 54. Weltgebetstag für geistliche Berufe am 27. November 2016

Montag

MAI 27

Augustinus von Canterbury,
Bruno von Würzburg

DIENEN LERNEN

Jesus lässt den Samen aufkeimen. Schließlich ist es wichtig, aus dem Evangelium den Stil der Verkündigung zu lernen. Denn nicht selten kann es – auch in bester Absicht – geschehen, dass man einer gewissen Machtbesessenheit, dem Proselytismus oder intolerantem Fanatismus nachgibt. Das Evangelium dagegen fordert uns auf, den Götzendienst des Erfolgs und der Macht ebenso zurückzuweisen wie eine übertriebene Sorge um Strukturen und eine gewisse Angst, die mehr dem Eroberungsgeist entspricht als dem Geist des Dienens.

Botschaft zum 54. Weltgebetstag für geistliche Berufe am 27. November 2016

Dienstag

Wilhelm von Aquitanien,
Germanus von Paris

28 MAI

ÖFFNEN WIR UNS

Obwohl der Same des Gottesreiches klein, unsichtbar und zuweilen unbedeutend ist, wächst er in aller Stille dank des unaufhörlichen Wirkens Gottes: »Mit dem Reich Gottes ist es so, wie wenn ein Mann Samen auf seinen Acker sät; dann schläft er und steht wieder auf, es wird Nacht und wird Tag, der Samen keimt und wächst und der Mann weiß nicht, wie« (Mk 4,26-27). Das ist unser erstes Vertrauen: Gott übersteigt unsere Erwartungen und überrascht uns mit seiner Großherzigkeit, indem er die Früchte unserer Arbeit aufkeimen lässt weit über die Berechnungen menschlicher Effizienz hinaus. Mit diesem dem Evangelium entspringenden Vertrauen öffnen wir uns dem stillen Wirken des Heiligen Geistes, das die Grundlage der Mission ist.

Botschaft zum 54. Weltgebetstag für geistliche Berufe am 27. November 2016

Mittwoch

MAI 29

Irmtrud von Millendonk,
Ursula Ledóchowska

GOTT BEGEGNEN

Ohne das ausdauernde, kontemplative Gebet kann es weder eine Berufungspastoral noch eine christliche Mission geben. In diesem Sinne muss man das christliche Leben mit dem Hören des Wortes Gottes nähren und vor allem die persönliche Beziehung mit dem Herrn in der eucharistischen Anbetung pflegen, dem privilegierten »Ort« der Begegnung mit Gott. Und zu dieser vertrauten Freundschaft mit dem Herrn möchte ich lebhaft ermutigen, vor allem um vom Himmel neue Berufungen zum Priestertum und zum geweihten Leben zu erflehen.

Botschaft zum 54. Weltgebetstag für geistliche Berufe
am 27. November 2016

Donnerstag

CHRISTI HIMMELFAHRT
Jeanne d'Arc (Johanna von Orleans),
Ferdinand III., Reinhild von Westerkappeln

30 MAI

ZEICHEN DER LIEBE GOTTES SEIN

Das Gottesvolk muss von Hirten geleitet werden, die ihr Leben im Dienst des Evangeliums hingeben. Daher bitte ich die Pfarrgemeinden, die Vereinigungen und die in der Kirche zahlreich vorhandenen Gebetsgruppen: Widersteht der Versuchung der Entmutigung und bittet den Herrn weiterhin, Arbeiter in seine Ernte zu senden und uns Priester zu schenken, die in das Evangelium verliebt und fähig sind, den Brüdern und Schwestern nahe und so lebendiges Zeichen der barmherzigen Liebe Gottes zu sein.

Botschaft zum 54. Weltgebetstag für geistliche Berufe am 27. November 2016

Petronilla (Petra), Mechthild von Dießen, Helmtrud (Hiltrud)

DER LIEBE HINGEBEN

Auch heute noch können wir den Eifer der Verkündigung wiederfinden und vor allem den jungen Menschen die Nachfolge Christi vorschlagen. Angesichts des weitverbreiteten Gefühls eines müden oder auf bloße »Pflichterfüllung« reduzierten Glaubens hegen unsere Jugendlichen den Wunsch, die stets aktuelle Faszination der Gestalt Jesu zu entdecken, sich von seinen Worten und Gesten hinterfragen und herausfordern zu lassen, und schließlich dank ihm ein vollkommen menschliches Leben zu erträumen, das froh ist, sich in der Liebe hinzugeben.

Botschaft zum 54. Weltgebetstag für geistliche Berufe am 27. November 2016

HIER BIN ICH

Die allerseligste Jungfrau Maria, die Mutter unseres Erlösers, hatte den Mut, sich diesen Traum Gottes zu eigen zu machen, indem sie ihre Jugend und ihre Begeisterung in seine Hände legte. Ihre Fürsprache möge uns dieselbe Offenheit des Herzens erlangen sowie die Bereitschaft, zum Ruf des Herrn unser »Hier bin ich!« zu sagen, und die Freude, uns wie sie auf den Weg zu machen (vgl. Lk 1,39), um ihn der ganzen Welt zu verkünden.

Botschaft zum 54. Weltgebetstag um geistliche Berufe am 27. November 2016

Sonntag

JUNI 02

7. SONNTAG DER OSTERZEIT
Marcellinus und Petrus von Rom,
Eugen I., Armin, Blandina

UNSER HERZ ERNEUERN

Die Eucharistie bringt uns immer auf den Höhepunkt des Heilswirkens Gottes: Jesus, der Herr, macht sich für uns zum gebrochenen Brot und gießt all seine Barmherzigkeit und Liebe über uns aus, wie er es am Kreuz getan hat, um so unser Herz, unser Dasein und unsere Beziehung zu ihm und zu den Geschwistern zu erneuern. Das Zweite Vatikanische Konzil sagt: »Sooft das Kreuzesopfer, in dem Christus, unser Osterlamm, dahingegeben wurde, auf dem Altar gefeiert wird, vollzieht sich das Werk unserer Erlösung« (Dogmatische Konstitution Lumen gentium, 3).

Generalaudienz am 22. November 2017

SELIG SEID IHR

[Lasst] uns die Seligpreisungen betrachten (vgl. Mt 5,1-12), die jene große Rede eröffnen, die »Bergpredigt« genannt wird, die »Magna Charta« des Neuen Testaments. Jesus offenbart den Willen Gottes, die Menschen zum Glück zu führen. Diese Botschaft war bereits in der Verkündigung der Propheten enthalten: Gott steht den Armen und Unterdrückten nahe und befreit sie von denen, die sie misshandeln. Doch in seiner Verkündigung verfolgt Jesus einen besonderen Weg: Er beginnt mit dem Begriff »selig«, das heißt glücklich; daraufhin beschreibt er den Zustand, um selig zu sein; und er schließt mit einer Verheißung.

Angelus am 29. Januar 2017

DAS GLÜCK FINDEN

Der Grund der Seligkeit, das heißt des Glücks, liegt nicht im geforderten Zustand – zum Beispiel »arm vor Gott«, »die Trauernden«, »die hungern und dürsten nach der Gerechtigkeit«, »die verfolgt werden« … –, sondern in der darauffolgenden Verheißung, die mit Glauben als Geschenk Gottes anzunehmen ist. Es wird vom Zustand der Entbehrung ausgegangen, um sich dem Geschenk Gottes zu öffnen und Eingang zu finden in die neue Welt, in das »Reich«, das Jesus ankündigt. Dies ist kein Automatismus, sondern ein Weg des Lebens in der Nachfolge des Herrn, weshalb die Wirklichkeit der Entbehrung und des Leids in einer neuen Perspektive gesehen und entsprechend der Umkehr erfahren wird, die man vollzieht. Man ist nicht selig, wenn man sich nicht bekehrt hat.

Angelus am 29. Januar 2017

ARM VOR GOTT?

»Selig, die arm sind vor Gott; denn ihnen gehört das Himmelreich« (Mt 5,3). Arm vor Gott ist der, der die Empfindungen und die Haltung jener Armen angenommen hat, die sich in ihrer Situation nicht auflehnen, sondern es verstehen, demütig, fügsam, bereit für die Gnade Gottes zu sein. Das Glück der Armen – derer, die arm vor Gott sind – besitzt eine zweifache Dimension: gegenüber den Gütern und gegenüber Gott. In Bezug auf die Güter, auf die materiellen Güter, ist diese Armut vor Gott nüchterne Mäßigung: nicht notwendig Verzicht, sondern die Fähigkeit, das Wesentliche zu verkosten, die Fähigkeit zum Teilen, die Fähigkeit, jeden Tag erneut über die Vortrefflichkeit der Dinge zu staunen, ohne in der Dumpfheit des begierigen Konsums schwer zu werden.

Angelus am 29. Januar 2017

Donnerstag

JUNI **06** Norbert von Xanten, Claudius von Condat, Falco von Cava

AUF GOTT VERLASSEN

In Bezug auf Gott ist Armut vor Gott Lobpreis und dankbare Anerkennung, dass die Welt ein Segen ist und dass an ihrem Ursprung die Schöpferliebe des Vaters steht. Doch sie ist auch Offenheit für ihn, Fügsamkeit gegenüber seiner Herrschaft: Er ist es, der Herr, er ist der Große, nicht ich bin groß, weil ich viele Dinge habe! Er ist es: Er hat die Welt für alle Menschen gewollt und er hat sie gewollt, damit die Menschen glücklich sind. Arm vor Gott ist der Christ, der sich nicht auf sich selbst verlässt, auf seine materiellen Reichtümer, der sich nicht auf seine eigenen Meinungen versteift, sondern achtungsvoll zuhört und sich gern den Entscheidungen anderer unterstellt.

Angelus am 29. Januar 2017

Freitag

Robert von Newminster,
Deochar (Dietger)

07 JUNI

DEMUT IST EINE TUGEND

Gäbe es in unseren Gemeinschaften mehr Menschen, die arm vor Gott sind, dann gäbe es weniger Zwiespalt, Kontraste und Polemiken! Die Demut ist wie die Liebe eine Tugend, die für das Zusammenleben in den christlichen Gemeinschaften wesentlich ist. Die in diesem dem Evangelium entsprechenden Sinn Armen treten als jene auf, die das Ziel des Himmelreiches wachhalten und so erkennen lassen, dass es im Keim in der brüderlichen Gemeinschaft vorweggenommen wird, die das Teilen dem Besitz vorzieht.

Angelus am 29. Januar 2017

Samstag

JUNI 08 Ilga von Schwarzenberg (Helga), Engelbert von Schäftlarn

JESUS GEHT MIT UNS

[Eine] Frage des Paulus ist: »Wie soll aber jemand verkünden, wenn er nicht gesandt ist?« Am Ende der Messe werden wir alle ausgesandt, die Gaben zu nehmen, die ein jeder von uns empfangen hat, und sie mit anderen zu teilen. Das könnte ein wenig entmutigen, weil wir nicht immer wissen, wohin Jesus uns senden wird. Aber Jesus schickt uns nie auf einen Weg, ohne gleichzeitig an unserer Seite zu gehen, und immer ein Stückchen vor uns, um uns neue und großartige Gebiete seines Reiches zu erschließen.

Predigt in der Eucharistiefeier in der Kathedrale St. Mary's in Yangon auf der apostolischen Reise nach Myanmar und Bangladesch am 30. November 2017

BEISTAND GEBEN

Heute feiern wir das hohe Pfingstfest, das fünfzig Tage nach der Auferstehung Christi die Osterzeit zu ihrer Vollendung bringt. Die Liturgie lädt uns ein, unseren Sinn und unser Herz für die Gabe des Heiligen Geistes zu öffnen, die Jesus seinen Jüngern mehrfach versprochen hatte, die erste und wichtigste Gabe, die er mit seiner Auferstehung für uns erlangt hat. Diese Gabe hat Jesus selbst beim Vater erbeten, wie das heutige Evangelium bezeugt, das im Kontext des letzten Abendmahls steht. Jesus sagt zu seinen Jüngern: »Wenn ihr mich liebt, werdet ihr meine Gebote halten. Und ich werde den Vater bitten, und er wird euch einen anderen Beistand geben, der für immer bei euch bleiben soll« (Joh 14,15-16).

Regina Caeli am 15. Mai 2016

Montag

JUNI 10

PFINGSTMONTAG
MARIA – MUTTER DER KIRCHE
Heinrich von Bozen, Olivia von Palermo,

DAS LEBEN JESU LEBEN

Diese Worte (Joh 14,15-16) rufen uns vor allem in Erinnerung, dass die Liebe zu einer Person und auch zum Herrn nicht mit Worten erwiesen wird, sondern mit Taten. Und auch die Befolgung der Gebote muss in einem existenziellen Sinn verstanden werden, sodass das ganze Leben einbegriffen ist. Denn Christ sein bedeutet nicht in erster Linie, zu einer gewissen Kultur zu gehören oder einer bestimmten Lehre zu folgen, sondern vielmehr sein Leben in jedem seiner Aspekte an die Person Jesu zu binden und – durch ihn – an den Vater. Mit diesem Ziel verheißt Jesus seinen Jüngern die Ausgießung des Heiligen Geistes. Gerade dank des Heiligen Geistes, der Liebe, die den Vater und den Sohn eint und aus ihnen hervorgeht, können wir alle das Leben Jesu leben.

Regina Caeli am 15. Mai 2016

DIE GUTEN WERKE SEHEN

[Die Bergpredigt] hebt [...] die Worte Jesu hervor, welche die Sendung seiner Jünger in der Welt beschreiben (Mt 5,13-16). Er verwendet die Metaphern des Salzes und des Lichts und seine Worte richten sich an die Jünger aller Zeiten, also auch an uns. Jesus lädt uns ein, durch das Zeugnis der guten Werke ein Abglanz seines Lichts zu sein. Er sagt: »So soll euer Licht vor den Menschen leuchten, damit sie eure guten Werke sehen und euren Vater im Himmel preisen« (Mt 5,16). Diese Worte unterstreichen, dass wir nicht an unseren Worten, sondern an unseren Werken als wahre Jünger dessen erkennbar sind, der das Licht der Welt ist.

Angelus am 5. Februar 2017

Mittwoch

JUNI 12 Leo III., Gaspare Bertoni, Odulf, Hildegard Burjan

LICHT DES GLAUBENS

[…] Es ist vor allem unser Verhalten, das – im Guten wie im Schlechten – eine Spur in den anderen zurücklässt. Wir haben also eine Aufgabe und tragen Verantwortung für das empfangene Geschenk: Das Licht des Glaubens, das durch Christus und das Wirken des Heiligen Geistes in uns ist, dürfen wir nicht zurückhalten, als sei es unser Eigentum. Wir sind indessen berufen, es in der Welt erstrahlen zu lassen, es den anderen durch gute Werke zu schenken. Und wie sehr bedarf es in der Welt doch des Lichts des Evangeliums, das verwandelt, genesen lässt und das Heil all denen gewährt, die es annehmen! Dieses Licht müssen wir mit unseren guten Werken überbringen.

Angelus am 5. Februar 2017

DAS GESCHENK DES GLAUBENS

Wenn wir das Licht unseres Glaubens weitergeben, erlischt es nicht, sondern es wird heller. Dagegen kann es kraftlos werden, wenn wir es nicht mit der Liebe und den Werken der Nächstenliebe nähren. So trifft das Bild des Lichts auf das Bild des Salzes. Der Abschnitt aus dem Evangelium sagt uns, dass wir als Jünger Christi auch »das Salz der Erde« (Mt 5,13) sind. Das Salz ist ein Element, das Geschmack verleiht und dann auch davor schützt, dass sich die Speise verändert und verdirbt. Zur Zeit Jesu gab es keine Kühlschränke! Daher besteht die Sendung des Christen in der Gesellschaft darin, dem Leben mit dem Glauben und der Liebe, die Christus uns geschenkt hat, »Geschmack« zu verleihen und gleichzeitig die schädlichen Keime des Egoismus, des Neids, der üblen Nachrede [...] fernzuhalten.

Angelus am 5. Februar 2017

Freitag

JUNI 14

Burchard von Meißen, Gottschalk der Wende, Meinrad Eugster, Elischa

SALZ UND LICHT DER WELT

Ein jeder von uns ist berufen, Licht und Salz in seinem Bereich des alltäglichen Lebens zu sein und so an der Aufgabe festzuhalten, die menschliche Wirklichkeit im Geist des Evangeliums und in der Perspektive des Reiches Gottes neu zu schaffen. Hilfe für uns sei stets der Schutz der allerseligsten Jungfrau Maria, erste Jüngerin Jesu und Beispiel für die Gläubigen, die jeden Tag in der Geschichte ihre Berufung und Sendung leben. Unsere Mutter stehe uns bei, dass wir uns immer vom Herrn läutern und erleuchten lassen, um unsererseits »Salz der Erde« und »Licht der Welt« zu werden.

Angelus am 5. Februar 2017

Samstag

Vitus (Veit), Klara Fietz, Bernhard von Aosta, Lothar von Séez

15 JUNI

DEN HIMMEL SEHEN

Es gibt ein »Mehr«, das im christlichen Dasein wohnt und das sich nicht einfach mit der Willenskraft oder einem größeren Optimismus erklären lässt. Unser Glaube, unsere Hoffnung ist nicht nur Optimismus; er ist etwas anderes, er ist mehr! Die Gläubigen sind Menschen, die gleichsam »ein Stück Himmel« mehr über dem Kopf haben, begleitet von einer Gegenwart, die einige nicht einmal erahnen können.

Generalaudienz am 4. Oktober 2017

Sonntag

JUNI **16** DREIFALTIGKEITSSONNTAG
Benno von Meißen,
Luitgard von Tongern

DIE SENDUNG JESU FORTFÜHREN

Am heutigen Fest der Allerheiligsten Dreifaltigkeit hören wir im Johannesevangelium (Joh 16) einen Abschnitt aus der langen Abschiedsrede, die Jesus kurz vor seinem Leiden gehalten hat. In dieser Rede erklärt er den Jüngern die tiefsten Wahrheiten, die ihn betreffen; und so zeichnet sich die Beziehung zwischen Jesus, dem Vater und dem Heiligen Geist ab. Jesus weiß, dass er der Verwirklichung des Planes des Vaters nahe ist, der sich mit seinem Tod und mit seiner Auferstehung erfüllen wird. Deshalb will er den Seinen zusichern, dass er sie nicht verlassen wird, da seine Sendung vom Heiligen Geist fortgeführt werden wird. Es wird der Heilige Geist sein, der die Sendung Jesu fortführen, das heißt die Kirche voran führen wird.

Angelus am 22. Mai 2016

DER HEILIGE GEIST FÜHRT UNS

Jesus offenbart, worin diese Sendung besteht. Vor allem leitet uns der Geist dazu an, all das zu verstehen, was Jesus selbst noch zu sagen hat (vgl. Joh 16,12). Es handelt sich nicht um neue oder besondere Lehren, sondern um ein volles Verständnis all dessen, was der Sohn vom Vater gehört und den Jüngern gesagt hat (vgl. V. 15). Der Heilige Geist führt uns in den neuen existenziellen Situationen mit einem Blick, der auf Jesus gerichtet und gleichzeitig offen für die Geschehnisse und die Zukunft ist. Er hilft uns, fest im Evangelium verwurzelt und in dynamischer Treue zu unseren Traditionen und Bräuchen durch die Geschichte zu gehen.

Angelus am 22. Mai 2016

Dienstag

JUNI 18 Gregor Barbarigo, Marcus der Diakon

BRÜDERLICH TEILEN

Das Geheimnis der Dreifaltigkeit spricht auch von uns, von unserer Beziehung mit dem Vater, dem Sohn und dem Heiligen Geist. Denn durch die Taufe hat uns der Heilige Geist in das Herz und in das Leben Gottes selbst hineingenommen, der Gemeinschaft der Liebe ist. Gott ist eine »Familie« von drei Personen, die sich so sehr lieben, dass sie eins sind. Diese »göttliche Familie« ist nicht in sich selbst verschlossen, sondern sie ist offen, sie teilt sich in der Schöpfung und in der Geschichte mit und ist in die Welt der Menschen eingetreten, um alle zu rufen, Anteil an ihr zu haben. Der dreifaltige Horizont der Gemeinschaft umfasst uns alle und spornt uns an, in der Liebe und im brüderlichen Teilen zu leben, in der Gewissheit, dass Gott dort ist, wo Liebe ist.

Angelus am 22. Mai 2016

FÄHIG ZUR LIEBE

Diese Beziehungen sind vor allem im Bereich unserer kirchlichen Gemeinschaften entscheidend, damit das Bild der Kirche als Ikone der Dreifaltigkeit immer deutlicher wird. Und sie spielen auch in jeder anderen sozialen Beziehung eine wichtige Rolle von der Familie, bis hin zu den Freundschaften und zur Arbeitswelt: Sie sind konkrete Gelegenheiten, die uns angeboten werden, um menschlich immer reichere Beziehungen aufzubauen, die zu gegenseitigem Respekt und zu selbstloser Liebe fähig sind.

Angelus am 22. Mai 2016

SAUERTEIG SEIN

Das Fest der Allerheiligsten Dreifaltigkeit lädt uns ein, uns in den täglichen Geschehnissen dafür einzusetzen, Sauerteig der Gemeinschaft, des Trostes und der Barmherzigkeit zu sein. In dieser Sendung sind wir von der Kraft getragen, die uns der Heilige Geist schenkt: Sie heilt das Fleisch der von Ungerechtigkeit, Unterdrückung, Hass und Habgier verletzten Menschheit. In der ihr eigenen Demut hat die Jungfrau Maria den Willen des Vaters angenommen und den Sohn durch das Wirken des Heiligen Geistes empfangen. Sie, Spiegel der Dreifaltigkeit, stehe uns bei, unseren Glauben an das dreifaltige Geheimnis zu stärken und ihn mit Entscheidungen und Haltungen der Liebe und Einheit Fleisch annehmen zu lassen.

Angelus am 22. Mai 2016

LEBENDIG BLEIBEN

Das Gedächtnis ist wichtig, weil es uns erlaubt, in der Liebe zu bleiben, zu er-innern, also ins Herz zu rufen, nicht zu vergessen, wer uns liebt und dass wir gerufen sind zu lieben. Und doch ist diese einzigartige Fähigkeit, die der Herr uns gegeben hat, heute eher geschwächt. In der Hektik, der wir ausgeliefert sind, scheinen viele Personen und Tatsachen an uns vorbeizugleiten. Man blättert hastig um, unersättlich in der Suche nach Neuheit, aber arm an Erinnerungen. Indem man so die Erinnerungen verbrennt und nur im Augenblick lebt, läuft man Gefahr, an der Oberfläche zu bleiben, im Fluss der Dinge, die geschehen, ohne in die Tiefe zu gehen, ohne jenen Weitblick, der uns an das erinnert, was wir sind und wohin wir gehen. Dann zersplittert sich das äußere Leben und das innere Leben erstarrt.

Homilie zum Hochfest des des Leibes und Blutes Christi am 18. Juni 2017

Samstag

JUNI **22** John Fisher, Thomas Morus, Paulinus von Nola, Eberhard

GOTT VERTRAUEN

Der [...] Abschnitt aus dem Evangelium (vgl. Mt 6,24-34) bildet einen nachdrücklichen Aufruf, auf Gott zu vertrauen – nicht vergessen: auf Gott vertrauen –, der sich aller Lebewesen in der Schöpfung annimmt. Er sorgt dafür, dass alle Tiere Nahrung haben, er kümmert sich um die Lilien und das Gras auf dem Feld (vgl. V. 26-28); sein wohltätiger und fürsorglicher Blick wacht täglich über unser Leben. Es verläuft unter der Bedrängnis vieler Sorgen, die seine Ruhe zu stören und es aus dem Gleichgewicht zu bringen drohen. Doch diese Angst ist oft unnütz, da sie den Lauf der Ereignisse nicht zu ändern vermag.

Angelus am 26. Februar 2017

MUTIG SEIN

Jesus mahnt uns eindringlich, uns nicht um morgen zu sorgen (vgl. Mt 6,25.28.31), und er ruft uns in Erinnerung, dass über allem ein liebender Vater ist, der seine Kinder nie vergisst. Sich ihm anzuvertrauen löst die Probleme nicht auf magische Weise, gestattet es aber, sie im rechten Geist anzugehen: Mutig, ich bin mutig, da ich mich meinem Vater anvertraue, der sich um alle kümmert und der mich so lieb hat.

Angelus am 26. Februar 2017

Montag

JUNI 24

GEBURT JOHANNES' DES TÄUFERS

Dietger von Thüringen, Theodulf

DIE LIEBE GOTTES ERKENNEN

Gott ist kein fernes, namenloses Wesen: Er ist unsere Zuflucht, der Quell unserer Ruhe und unseres Friedens. Er ist der Fels unseres Heils, an dem wir uns in der Gewissheit festhalten können, nicht zu fallen. Wer sich an Gott festhält, fällt nie! Er ist unsere Verteidigung gegen das Böse, das immer auf der Lauer liegt. Gott ist für uns der große Freund, der Verbündete, der Vater, doch nicht immer sind wir uns dessen bewusst. Wir sind uns nicht bewusst, dass wir einen Freund, einen Verbündeten, einen Vater haben, der uns liebt, und wir ziehen es vor, uns auf die unmittelbaren Güter zu stützen, die wir anfassen können, auf Güter und Kontingente, wobei wir das höchste Gut vergessen und es bisweilen ablehnen: die väterliche Liebe Gottes.

Angelus am 26. Februar 2017

DEN VATER SPÜREN

[Gott] als Vater wahrzunehmen ist in diesem Zeitalter der Verwaisung so wichtig! Ihn in dieser verwaisten Welt als Vater spüren. Wir entfernen uns von der Liebe Gottes, wenn wir uns auf die zwanghafte Suche nach irdischen Gütern und Reichtümern begeben und so eine übertriebene Liebe zu diesen Wirklichkeiten an den Tag legen.

Angelus am 26. Februar 2017

Mittwoch

JUNI **26** Johannes und Paulus von Rom, Josemaría Escrivá, Vigilius von Trient

GOTT ENTTÄUSCHT NIE!

Jesus sagt uns, dass diese verkrampfte Suche trügerisch und ein Grund für das Unglücklichsein ist. Und er schenkt seinen Jüngern die grundlegende Lebensregel: »Euch aber muss es zuerst um das Reich Gottes gehen« (vgl. Mt 6,33). Es geht darum, den Plan zu verwirklichen, den Jesus in der Bergpredigt verkündigt hat, und sich daher Gott anzuvertrauen, der nicht enttäuscht – viele Freunde oder viele von denen, die wir für Freunde hielten, haben uns enttäuscht. Gott enttäuscht nie! Es geht darum, sich als treue Verwalter der Güter einzusetzen, die er uns geschenkt hat, auch jener irdischen, doch ohne zu »übertreiben«, als hinge alles, auch unser Heil, allein von uns ab.

Angelus am 26. Februar 2017

Donnerstag

Cyrill von Alexandrien,
Hemma von Gurk (Emma)

27 JUNI

VERSUCHUNGEN ERKENNEN

[Die] dem Evangelium entsprechende Haltung erfordert eine klare Entscheidung, die der [...] Abschnitt präzise zum Ausdruck bringt: »Ihr könnt nicht beiden dienen, Gott und dem Mammon« (Mt 6,24). Entweder der Herr oder die faszinierenden, jedoch trügerischen Götzen. Diese Entscheidung, die zu treffen wir aufgerufen sind, wirkt sich dann auf viele unserer Handlungen, Programme und Verpflichtungen aus. Es ist eine Entscheidung, die eindeutig zu treffen und ständig zu erneuern ist, da die Versuchungen, alles auf Geld, Vergnügen und Macht zu reduzieren, sehr bedrängend sind. Es gibt so viele derartige Versuchungen.

Angelus am 26. Februar 2017

Freitag

JUNI 28

HEILIGSTES HERZ JESU
Irenäus von Lyon, Diethild,
Ekkehard von Huysburg

ER IST TREU

Während die Verehrung dieser Götzen zu konkreten, wenngleich flüchtigen Ergebnissen führt, so zeigt die Entscheidung für Gott und sein Reich nicht immer unmittelbar ihre Früchte. Es ist eine Entscheidung, die man in der Hoffnung trifft und die Gott ihre volle Verwirklichung überlässt. Die christliche Hoffnung ist auf die künftige Erfüllung der Verheißung Gottes ausgerichtet und bleibt vor keiner Schwierigkeit stehen, da sie in der Treue Gottes gründet, derer es nie ermangelt.
Er ist treu, er ist ein treuer Vater, er ist ein treuer Freund, er ist ein treuer Verbündeter. Die Jungfrau Maria helfe uns, uns der Liebe und Güte des himmlischen Vaters anzuvertrauen, in ihm und mit ihm zu leben.

Angelus am 26. Februar 2017

Samstag

APOSTEL PETRUS UND PAULUS
Jucith von Niederaltaich,
Gero von Köln, Salome

29 JUNI

DAS EVANGELIUM VERKÜNDEN

Wir feiern heute das Fest der heiligen Apostel Petrus uns Paulus und preisen Gott für ihre Verkündigung und für ihr Zeugnis. Auf dem Glauben dieser beiden Apostel gründet die Kirche von Rom, die sie von jeher als ihre Patrone verehrt. Aber es ist die universale Kirche, die voll Bewunderung auf sie blickt und sie als zwei Säulen und zwei große Lichter betrachtet, die nicht nur über dem Himmel Roms, sondern im Herzen der Gläubigen des Ostens und des Westens strahlen. Im Bericht über die Aussendung der Apostel sagt das Evangelium dass Jesus sie zu zweit aussandte (vgl. Mk 6,7; Lk 10,1). In einem gewissen Sinn wurden auch Petrus und Paulus vom Heiligen Land bis nach Rom gesanct, um das Evangelium zu verkünden.

Angelus am 29. Juni 2016

Sonntag

JUNI **30** 13. SONNTAG IM JAHRESKREIS
Otto von Bamberg, Erna,
Bertram von Le Mans

AUS LIEBE ZU CHRISTUS

[Petrus und Paulus] waren zwei sehr verschiedene Männer: Petrus war ein »einfacher Fischer«, Paulus »Meister und Lehrer«, wie es in der heutigen Liturgie heißt. Wenn wir aber hier in Rom Jesus kennen, und wenn der christliche Glaube lebendiger und grundlegender Bestandteil des geistlichen Erbes und der Kultur dieses Ortes ist, so ist das dem apostolischen Mut dieser beiden Söhne des Nahen Ostens zu verdanken. Aus Liebe zu Christus verließen sie ihre Heimat, sie achteten nicht auf die Schwierigkeiten der langen Reise und auf die Gefahren und das Misstrauen, das ihnen entgegenschlagen sollte, und gelangten so nach Rom. Hier wurden sie zu Verkündern und Zeugen des Evangeliums unter den Menschen und besiegelten ihre Sendung des Glaubens und der Liebe mit dem Martyrium.

Angelus am 29. Juni 2016

Montag

Dietrich von Reims, Hechard von Scheda (Eckard), Radegund von Wellenburg

01 JULI

IHRE BOTSCHAFT ANNEHMEN

Petrus und Paulus kehren [...] in geistiger Weise unter uns zurück, sie sind auf den Straßen dieser Stadt unterwegs, sie klopfen an die Tür unserer Häuser, doch vor allem unserer Herzen. Sie wollen erneut Jesus bringen, seine barmherzige Liebe, seinen Trost, seinen Frieden. Dessen bedürfen wir so sehr! Wir wollen ihre Botschaft annehmen! Wir wollen uns den Schatz ihres Zeugnisses aneignen! Der aufrechte und feste Glaube des Petrus, das große und universale Herz des Paulus werden uns helfen, freudige Christen zu sein, die treu sind gegenüber dem Evangelium und offen für die Begegnung mit allen.

Angelus am 29. Juni 2016

Dienstag

JULI **02** MARIÄ HEIMSUCHUNG
Jakob Friedrich Bussereau,
Wiltrud von Hohenwart

HABT KEINE ANGST

Petrus erlebt seine Kleinheit und erlebt die Größe des Wortes und des Handelns Jesu (vgl. Lk 5,1-11); Petrus weiß um seine eigenen Schwächen, um sein Hin und Her ..., so wie auch wir darum wissen [...]. Sie hat uns nicht immer dazu bereit vorgefunden, das Boot, Unwetter und Unglück zu teilen. Aber so wie Simon lädt Jesus uns ein, auf den See hinauszufahren, er fordert uns auf, die Risiken zu teilen; habt keine Angst, gemeinsam etwas zu riskieren. Er lädt uns ein, unsere Egoismen hinter uns zu lassen und ihm zu folgen. Er ermuntert uns, die Ängste abzulegen, die nicht von Gott kommen, die uns lähmen und die dringende Aufgabe verzögern, Erbauer des Friedens, Förderer des Lebens zu sein. »Fahr hinaus, wo es tief ist«, sagte Jesus.

Predigt in der Eucharistiefeier im Simón-Bolívar-Park in Bogotá auf der apostolischen Reise nach Kolumbien am 7. September 2017

IM GEBET LEBEN

Die heiligen Apostel mögen uns helfen, ein Herz wie das ihre zu erhalten, das von der Mühe und dem Frieden des Gebets geprägt ist: von seiner Mühe, weil es bittet, anklopft, sich fürbittend einsetzt und die Last der Anliegen vieler Menschen und Situationen trägt; aber zugleich von seinem Frieden, weil der Heilige Geist Trost und Kraft gibt, wenn man betet. Wie braucht die Kirche so dringend Meister des Gebets, aber zuallererst betende Männer und Frauen, die wirklich im Gebet leben!

Homilie in der hl. Messe und Segnung der Pallien für die neuen Metropolitan-Bischöfe am 29. Juni 2017

Donnerstag

JULI 04 Ulrich von Augsburg, Elisabeth (Isabella) von Portugal, Berta von Blangy

DENKT AN DIE TRÄUME

Hab keine Angst zu träumen. Träume von einer Welt, die man noch nicht sieht, aber die sicher kommen wird. Die Hoffnung führt uns dazu, an die Existenz einer Schöpfung zu glauben, die sich bis zu ihrer endgültigen Erfüllung erstreckt, wenn Gott Alles in Allem sein wird. Die Menschen, die Vorstellungskraft haben, haben dem Menschen wissenschaftliche und technische Errungenschaften geschenkt. Sie haben Ozeane überquert, sie haben Länder betreten, die niemand jemals betreten hatte. Die Menschen, die Hoffnungen gehegt haben, sind auch jene, die die Sklaverei überwunden und bessere Lebensbedingungen auf diese Erde gebracht haben. Denkt an diese Menschen.

Generalaudienz am 20. September 2017

Freitag

Antonius Maria Zaccaria, Kyrilla von Cyrene,
Philomena, Lätizia

05 JULI

RÄUME DES HEILS ÖFFNEN

Die Aufgabe der Christen besteht in dieser Welt darin, Räume des Heils zu öffnen, gleichsam Zellen zur Regenerierung, die in der Lage sind, dem Lebenssaft zurückzugeben, was für immer verloren schien. Wenn der ganze Himmel mit Wolken bedeckt ist, dann ist jener ein Segen, der von der Sonne zu sprechen vermag. So ist der wahre Christ: nicht jammernd und zornig, sondern durch die Kraft der Auferstehung überzeugt, dass kein Übel unendlich ist, dass es keine Nacht ohne Ende gibt, dass kein Mensch endgültig verkehrt ist, dass es keinen Hass gibt, den die Liebe nicht überwinden kann.

Generalaudienz am 4. Oktober 2017

Samstag

JULI **06** Maria Goretti (Marietta), Maria Theresia Ledóchowska

DER HIMMEL IM HERZEN

Manchmal müssen die Jünger [die] Hoffnung, die Jesus ihnen geschenkt hat, teuer bezahlen. Denken wir an die vielen Christen, die ihr Volk nicht verlassen haben, als die Zeit der Verfolgung kam. Sie sind dort geblieben, wo selbst das Morgen unsicher war, wo man keinerlei Pläne machen konnte, sie sind geblieben und haben auf Gott gehofft. Und denken wir an unsere Brüder, an unsere Schwestern [...], die Zeugnis geben von der Hoffnung und die für dieses Zeugnis sogar das Leben hingeben. Das sind wahre Christen! Sie tragen den Himmel im Herzen, sie blicken über den Horizont hinaus, immer weiter. Wer die Gnade hatte, die Auferstehung Jesu anzunehmen, kann noch immer auf das Unverhoffte hoffen.

Generalaudienz am 4. Oktober 2017

DAS HEIL VERKÜNDIGEN

Das heutige Evangelium aus dem zehnten Kapitel des Lukasevangeliums (V. 1-12.17-20) macht uns deutlich, wie notwendig es ist, Gott, »den Herrn der Ernte, [zu bitten], Arbeiter für seine Ernte auszusenden« (V. 2). Die »Arbeiter«, von denen Jesus spricht, sind die Missionare des Reiches Gottes, die er selbst berief und »zu zweit voraus in alle Städte und Ortschaften [sandte], in die er selbst gehen wollte« (V. 1). Ihre Aufgabe ist es, allen die Botschaft des Heils zu verkünden. [...] Auch wir [müssen] christliche Missionare [sein], die wir ein gutes Wort des Heils sagen. Das ist die Gabe, die Jesus uns mit dem Heiligen Geist gibt. Diese Botschaft lautet: »Das Reich Gottes ist euch nahe« (V. 9)

Angelus am 3. Juli 2016

Montag

JULI 08 Kilian von Würzburg, Edgar der Friedfertige, Adolf IV.

NICHT ZERSTÖREN, AUFBAUEN!

Das ist die Frohe Botschaft, die die »Arbeiter« allen bringen müssen: eine Botschaft der Hoffnung und des Trostes, des Friedens und der Liebe. Als Jesus die Jünger in die Ortschaften vorausschickt, legt er ihnen ans Herz: »Sagt als Erstes: Friede diesem Haus! … Heilt die Kranken, die dort sind« (Lk 5,9). All dies bedeutet, dass das Reich Gottes Tag um Tag aufgebaut wird und bereits auf dieser Erde unter den Menschen seine Früchte der Umkehr, der Läuterung, der Liebe und des Trostes anbietet. Das ist schön! Tag für Tag dieses Reich Gottes aufbauen, das langsam wächst.

Angelus am 3. Juli 2016

WERKZEUGE DES HEILS WERDEN

Jesus sagt: »Ich sende euch wie Schafe mitten unter die Wölfe« (Lk 10,3). Ganz klar. Die Feindseligkeit steht immer am Anfang der Christenverfolgungen; denn Jesus weiß, dass der Sendung durch das Werk des Teufels Hindernisse in den Weg gelegt werden. Aus diesem Grund wird sich der Arbeiter für das Evangelium anstrengen, von menschlichen Bedingtheiten aller Art frei zu sein und weder Geldbeutel noch Vorratstasche noch Schuhe mitzunehmen (vgl. V. 4), wie Jesus empfohlen hat, um sein Vertrauen allein in die Macht des Kreuzes Christi zu setzen. Das bedeutet, jeden Anlass persönlichen Ruhms, des Karrieredenkens oder des Hungers nach Macht aufzugeben und zu demütigen Werkzeugen des durch das Opfer Jesu gewirkten Heils zu werden.

Angelus am 3. Juli 2016

Mittwoch

JULI 10 Knud von Dänemark, Erik von Schweden (Erich), Olaf von Norwegen

DAS HERZ MIT FREUDE FÜLLEN

Die Sendung des Christen in der Welt ist etwas Wunderbares, sie ist eine Sendung, die allen gilt, sie ist eine Sendung des Dienstes, die keinen ausschließt; sie erfordert viel Großherzigkeit und vor allem, dass sich Blick und Herz in die Höhe richten, um die Hilfe des Herrn zu erbitten. Es besteht ein großes Bedürfnis nach Christen, die voll Freude das Evangelium im Leben aller Tage bezeugen. Die von Jesus ausgesandten Jünger »kehrten voll Freude zurück« (vgl. Lk 10,17). Wenn wir dies tun, erfüllt sich das Herz mit Freude. Und dieser Ausdruck lässt mich daran denken, wie sehr sich die Kirche freut, wie froh sie ist, wenn ihre Kinder die Frohe Botschaft dank der Hingabe vieler Männer und Frauen empfangen, die täglich das Evangelium verkünden.

Angelus am 3. Juli 2016

GLÜCK FINDEN

Das Paradies ist kein Märchenort und auch kein verzauberter Garten. Das Paradies ist die Umarmung mit Gott, der unendlichen Liebe, und wir treten dort ein dank Jesus, der für uns am Kreuz gestorben ist. Wo Jesus ist, ist Barmherzigkeit und Glück: Ohne ihn herrschen Kälte und Finsternis. In der Stunde des Todes sagt der Christ immer wieder zu Jesus: »Denk an mich.« Und wenn es auch niemanden mehr gäbe, der an uns denkt: Jesus ist dort, bei uns. Er will uns an den schönsten Ort bringen, den es gibt. Er will uns dorthin bringen mit dem wenigen oder vielen Guten, das es in unserem Leben gegeben hat, damit nichts verloren geht von dem, was er bereits erlöst hat.

Generalaudienz am 25. Oktober 2017

Freitag

JULI 12 Felix und Nabor, Johannes Gualbertus, Sigisbert von Disentis

LIEBE STATT HASS

Heute denken wir über die christliche Hoffnung als Stärke der Märtyrer nach. Als Jesus im Evangelium die Jünger aussendet, täuscht er sie nicht mit Vorspiegelungen von leichtem Erfolg. Im Gegenteil, er warnt sie ausdrücklich, dass die Verkündigung des Reiches Gottes immer Widerspruch mit sich bringt. Und er gebraucht auch einen extremen Ausdruck: »Ihr werdet um meines Namens willen von allen gehasst« – gehasst! – »werden« (Mt 10,22). Die Christen lieben, aber sie werden nicht immer geliebt. Von Anfang an stellt Jesus uns diese Wirklichkeit vor Augen: In mehr oder weniger starkem Maße findet das Glaubensbekenntnis in einer Atmosphäre der Feindseligkeit statt.

Generalaudienz am 28. Juni 2017

Samstag

Heinrich II. und Kunigunde, Joel,
Sara die Einsiedlerin

13 JULI

GEGEN DEN STROM

Die Christen sind […] Männer und Frauen, die »gegen den Strom schwimmen«. Das ist normal: Da die Welt von der Sünde geprägt ist, die in verschiedenen Formen des Egoismus und des Unrechts zum Ausdruck kommt, geht derjenige, der Christus nachfolgt, in die entgegengesetzte Richtung. Nicht aus polemischem Geist, sondern aus Treue zur Logik des Reiches Gottes, die eine Logik der Hoffnung ist und in einen Lebensstil umgesetzt wird, der auf den Weisungen Jesu gründet.

Generalaudienz am 28. Juni 2017

HERAUSFORDERUNGEN ANNEHMEN

Heute unterbreitet uns die Liturgie das Gleichnis vom »barmherzigen Samariter« aus dem Evangelium nach Lukas (10,25-37). In seiner einfachen und anregenden Erzählform zeigt es einen Lebensstil auf, dessen Schwerpunkt nicht wir selbst, sondern die anderen mit ihren Schwierigkeiten sind, denen wir auf unserem Weg begegnen und die uns vor eine Herausforderung stellen. Die anderen stellen uns vor eine Herausforderung.

Angelus am 10. Juli 2016

WER IST MEIN NÄCHSTER?

Wenn uns die anderen nicht herausfordern, dann stimmt da etwas nicht; etwas in jenem Herzen ist nicht christlich. Jesus gebraucht dieses Gleichnis im Gespräch mit einem Gesetzeslehrer hinsichtlich des zweifachen Gebots, das es gestattet, das ewige Leben zu erlangen: Gott mit ganzem Herzen lieben und den Nächsten wie sich selbst (Lk 10,25-28). »Ja«, erwidert jener Gesetzeslehrer, »aber sag mir: Wer ist mein Nächster?« (V. 29). Auch wir können uns diese Frage stellen: Wer ist mein Nächster? Wen muss ich lieben wie mich selbst? Meine Verwandten? Meine Freunde? Meine Landsleute? Die Menschen, die derselben Religion angehören wie ich?...
Wer ist mein Nächster?

Angelus am 10. Juli 2016

Dienstag

JULI 16 Unsere Liebe Frau auf dem Berge Karmel (Carmen), Elvira von Oeren, Irmgard

MITLEID HABEN

Und Jesus antwortet mit [dem] Gleichnis [vom barmherzigen Samariter] Ein Mann wurde entlang der Straße von Jerusalem nach Jericho von Räubern überfallen, niedergeschlagen und liegen gelassen. Auf jener Straße kommen zuerst ein Priester und dann ein Levit vorbei. Obwohl sie den verletzten Mann sehen, bleiben sie nicht stehen und gehen weiter (Lk 10,31-32). Dann kommt ein Samariter, das heißt ein Einwohner Samariens, den die Juden als solchen verachteten, da er kein Nachfolger der wahren Religion war; und als dagegen gerade er jenen armen und unglückseligen Mann sieht, »hatte er Mitleid, ging zu ihm hin, goss Öl und Wein auf seine Wunden und verband sie [...]; [er] brachte ihn zu einer Herberge und sorgte für ihn« (V. 33-34).

Angelus am 10. Juli 2016

Mittwoch

Marina von Bithynien, Jadwiga von Polen (Hedwig), Alexius von Edessa

17 JULI

GEH UND HANDLE GENAUSO!

Jesus wendet sich an den Gesetzeslehrer und fragt ihn: »Was meinst du: Wer von diesen dreien – der Priester, der Levit, der Samariter – hat sich als der Nächste dessen erwiesen, der von den Räubern überfallen wurde?« Und da er intelligent ist, antwortet jener natürlich: »Der, der barmherzig an ihm gehandelt hat« (Lk 10,36-37). Auf diese Weise hat Jesus die anfängliche Perspektive des Gesetzeslehrers – und auch die unsrige! – völlig auf den Kopf gestellt: Ich darf die anderen nicht katalogisieren, um zu entscheiden, wer mein Nächster ist und wer nicht. Es hängt von mir ab, ob ich Nächster bin oder nicht – es ist meine Entscheidung Und Jesus endet: »Dann geh und handle genauso!« (V. 37).

Angelus am 10. Juli 2016

Donnerstag

JULI **18** Arnold von Arnoldsweiler, Odilia von Köln (Ottilie), Friedrich von Utrecht

HANDELN, HANDELN

Erweise dich als Nächster des Bruders und der Schwester, die du in Not siehst. »Geh und handle genauso!« Gute Werke tun, nicht nur Worte sprechen, die im Wind verhallen. Mir kommt da jenes Lied in den Sinn: »Parole, parole, parole« [»Worte, nur Worte« – Titel eines bekannten italienischen Schlagers]. Nein. Handeln, handeln. Und durch die guten Werke, die wir mit Liebe und Freude gegenüber dem Nächsten vollbringen, keimt unser Glaube auf und trägt Früchte. Wir wollen uns fragen – ein jeder antworte in seinem Herzen –, fragen wir uns: Ist unser Glaube fruchtbar? Bringt unser Glaube gute Werke hervor? Oder ist er vielmehr steril und somit mehr tot als lebendig? Erweise ich mich als Nächster oder gehe ich einfach vorbei? Gehöre ich zu denen, die sich die Leute nach eigenem Gefallen aussuchen?

Angelus am 10. Juli 2016

DEN WEG DER LIEBE GEHEN

Der Herr wird uns sagen können: Nun, du – erinnerst du dich an jenes Mal auf der Straße von Jerusalem nach Jericho? Jener halbtote Mann war ich. Erinnerst du dich? Jenes hungrige Kind war ich. Erinnerst du dich? Jener Migrant, den viele wegjagen wollen, war ich. Jene einsamen Großeltern, die in den Altenheimen allein gelassen werden, das war ich. Jener einsame Kranke im Krankenhaus, den keiner besuchen kommt, war ich. Die Jungfrau Maria helfe uns, auf dem Weg der Liebe zu gehen, der großherzigen Liebe zu den anderen, auf dem Weg des barmherzigen Samariters. Sie helfe uns, das Hauptgebot zu leben, das Christus uns hinterlassen hat. Das ist der Weg, um das ewige Leben zu erlangen.

Angelus am 10. Juli 2016

Samstag

JULI **20** Margareta von Antiochia, Elija, Bernhard von Hildesheim

FÜR DAS EVANGELIUM LEIDEN

Die Märtyrer aller Zeiten berichten durch ihre Treue zu Christus, dass das Unrecht nicht das letzte Wort im Leben ist. Im auferstandenen Christus können wir weiter hoffen. Die Männer und Frauen, die einen Grund haben, »warum« sie leben, halten in Zeiten des Unheils mehr aus als andere. Wer aber Christus an seiner Seite hat, der fürchtet wirklich nichts mehr. Und daher sind die Christen, die wahren Christen, nie einfache und gefügige Menschen. Ihre Sanftmut darf nicht verwechselt werden mit einem Gefühl der Unsicherheit und der Willfährigkeit. Der heilige Paulus spornt Timotheus an, für das Evangelium zu leiden, und er sagt: »Gott hat uns nicht einen Geist der Verzagtheit gegeben, sondern den Geist der Kraft, der Liebe und der Besonnenheit« (2 Tim 1,7). Wenn sie gefallen sind, stehen sie immer wieder auf.

Generalaudienz am 4. Oktober 2017

NUR EINES IST NOTWENDIG

Der hl. Lukas beschreibt [Marta und Maria] so: Maria, zu Füßen Jesu, »hörte seinen Worten zu«, während Marta ganz davon in Anspruch genommen war, für ihn zu sorgen (vgl. Lk 10,39-40). Beide nehmen Jesus bei seiner Durchreise freundlich auf, doch sie tun dies auf unterschiedliche Weise. Maria setzt sich dem Herrn zu Füßen und hört zu, Marta dagegen lässt sich von den Dingen vereinnahmen, die es vorzubereiten gilt, und sie ist so beschäftigt, dass sie sich an den Herrn wendet und sagt: »Herr, kümmert es dich nicht, dass meine Schwester die ganze Arbeit mir allein überlässt? Sag ihr doch, sie soll mir helfen!« (V. 40). Und Jesus antwortet ihr, indem er sie freundlich tadelt: »Marta, Marta, du machst dir viele Sorgen und Mühen. Aber nur eines ist notwendig« (V. 41-42).

Angelus am 21. Juli 2013

HÖREN UND TUN

Was will Jesus sagen? Was ist dieses eine [Lk 10,41-42], dessen wir bedürfen? Vor allem ist es wichtig zu verstehen, dass es sich um keine Entgegensetzung von zwei Verhaltensweisen handelt: zwischen dem Hören auf das Wort des Herrn, der Kontemplation, und dem konkreten Dienst am Nächsten. Es sind keine zwei einander entgegengesetzten Haltungen, sondern im Gegenteil zwei Aspekte, die beide für unser christliches Leben wesentlich sind; Aspekte, die niemals getrennt werden dürfen, sondern in tiefer Einheit und Harmonie gelebt werden müssen.

Angelus am 21. Juli 2013

Dienstag

Birgitta von Schweden, Liborius von Le Mans, Apollinaris von Ravenna

23 JULI

NACH DER QUELLE LEBEN

Warum aber wird Marta nun getadelt, wenngleich auf sanfte Weise? Weil sie allein das, was sie tat, für wesentlich hielt, weil sie zu sehr vereinnahmt und von den Dingen in Anspruch genommen war, die zu tun waren. In einem Christen sind die Werke des Dienstes und der Nächstenliebe nie von der Grundquelle all unseres Handelns abgetrennt: dem Hören des Wortes des Herrn, dem Verweilen zu Füßen Jesu in der Haltung des Jüngers – wie Maria. Und daher wird Marta getadelt.

Angelus am 21. Juli 2013

Mittwoch

JULI **24** Christophorus, Christine, Louise von Savoyen, Siglind von Troclar

CHRISTEN IN UNSERER MITTE

Auch in unserem christlichen Leben müssen Gebet und Handeln immer zutiefst vereint sein. Ein Gebet, das nicht zum konkreten Handeln gegenüber dem armen, kranken, hilfsbedürftigen Bruder, dem Bruder in Not führt, ist ein steriles und unvollständiges Gebet. Wenn man aber gleichzeitig im kirchlichen Dienst allein auf das Tun achtet, wenn man den Dingen, den Funktionen, den Strukturen mehr Gewicht beimisst und dabei die Zentralität Christi vergisst, sich keine Zeit nimmt für den Dialog mit ihm im Gebet, so läuft man Gefahr, sich selbst zu dienen und nicht dem im bedürftigen Bruder gegenwärtigen Gott.

Angelus am 21. Juli 2013

WIR SIND NICHT ALLEIN

Das Christentum hegt ein unerschütterliches Vertrauen: Es glaubt nicht, dass die negativen und zersetzenden Kräfte triumphieren können. Das letzte Wort über die Geschichte des Menschen hat nicht der Hass, hat nicht der Tod, hat nicht der Krieg. In jedem Augenblick des Lebens steht Gottes Hand uns bei, ebenso wie die diskrete Gegenwart aller Gläubigen, »die uns vorausgegangen sind, bezeichnet mit dem Siegel des Glaubens« (Römischer Messkanon). Ihre Existenz sagt uns vor allem, dass das christliche Leben kein unerreichbares Ideal ist. Und gleichzeitig tröstet sie uns: Wir sind nicht allein, die Kirche besteht aus unzähligen, oft namenlosen Geschwistern, die uns vorausgegangen und durch das Wirken des Heiligen Geistes in das Leben derer eingebunden sind, die noch hier auf Erden weilen.

Generalaudienz am 21. Juni 2017

DER WERT DER FAMILIE

Heute feiert die Kirche die Eltern der Jungfrau Maria, die Großeltern Jesu: die heiligen Joachim und Anna. In deren Haus kam Maria zur Welt und mit ihr das außergewöhnliche Geheimnis ihrer Unbefleckten Empfängnis; in deren Haus ist sie, umgeben von ihrer Liebe und ihrem Glauben, aufgewachsen; in deren Haus hat sie gelernt, auf den Herrn zu hören und seinem Willen zu folgen. Die heiligen Joachim und Anna sind Glieder einer langen Kette, welche den Glauben und die Liebe zu Gott in der Geborgenheit der Familie weitergegeben hat bis hin zu Maria, die in ihrem Schoß den Sohn Gottes empfangen und ihn der Welt, ihn uns geschenkt hat. Der unschätzbare Wert der Familie als bevorzugter Ort der Weitergabe des Glaubens!

Angelus auf der apostolischen Reise nach Rio de Janeiro zum 28. Weltjugendtag am 26. Juli 2013

DIE GEDULD GOTTES

Der heutige Abschnitt aus dem Evangelium legt drei Gleichnisse vor, mit denen Jesus zur Menge über das Himmelreich spricht. [Das] Gleichnis vom Unkraut unter dem Weizen [hebt] das Problem des Bösen in der Welt hervor und veranschaulicht die Geduld Gottes (vgl. Mt 13,24-30.36-43). Wie viel Geduld hat doch Gott! Auch ein jeder von uns kann dies sagen: »Wie viel Geduld hat Gott doch mit mir!« Die Erzählung spielt sich auf einem Acker mit zwei gegensätzlichen Hauptpersonen ab. Auf der einen Seite der Herr des Ackers, der bildlich für Gott steht und den guten Samen aussät; auf der anderen der Feind, der Satan repräsentiert und das Unkraut verstreut.

Angelus am 23. Juli 2017

Sonntag

JULI 28

17. SONNTAG IM JAHRESKREIS
Benno von Osnabrück, Samson, Beatus und Bantus von Trier

GOTT PLATZ MACHEN

Das Evangelium des heutigen Sonntags (Lk 11,1-13) beginnt mit der Szene, wo Jesus allein in Abgeschiedenheit betet. Am Ende seines Gebets bitten ihn die Jünger: »Herr, lehre uns beten« (V. 1). Und er antwortet: »Wenn ihr betet, so sprecht: Vater …« (V. 2). Dieses Wort ist das »Geheimnis« des Betens Jesus. Es ist der Schlüssel, den er selbst uns gibt, damit auch wir in jene Beziehung des vertrauten Gesprächs mit dem Vater treten können, das sein ganzes Leben begleitet und getragen hat. Mit der Anrede »Vater« verbindet Jesus zwei Bitten: »Dein Name werde geheiligt. Dein Reich komme« (V. 2). Das Gebet Jesu und somit das christliche Gebet besteht vor allem anderen darin, Gott Platz zu machen, ihn in uns seine Heiligkeit offenbaren zu lassen und sein Reich voranzubringen.

Angelus am 24. Juli 2016

Montag

Marta von Betanien, Ladislaus I.
von Ungarn, Beatrix, Flora und Lucilla

29 JULI

AUSSÖHNUNG LEBEN

Man kann nicht ohne Brot leben, man kann nicht ohne Vergebung leben, und man kann nicht ohne den Beistand Gottes in den Versuchungen leben (Lk 11,3-4). Das Brot, um das uns Jesus bitten lässt, ist das notwendige Brot, nicht das überflüssige; es ist das Brot der Pilger, das rechte Brot, ein Brot, das man weder anhäuft noch vergeudet, das uns nicht auf unserem Weg belastet. Die Vergebung ist vor allem jene, die wir selbst von Gott empfangen: Allein das Bewusstsein, Sünder zu sein, denen von der grenzenlosen göttlichen Barmherzigkeit vergeben worden ist, kann uns zu konkreten Gesten der brüderlichen Aussöhnung befähigen.

Angelus am 24. Juli 2016

Dienstag

JULI 30 Petrus Chrysologus, Maria de Jesus, Ingeborg von Frankreich

DER VERSUCHUNG WIDERSTEHEN

Wenn ein Mensch nicht spürt, dass er ein Sünder ist, dem vergeben wurde, wird er nie eine Geste der Vergebung oder Aussöhnung tun können. Man fängt beim Herzen an, in dem man sich als Sünder fühlt, dem vergeben worden ist. Die letzte Bitte, »führe uns nicht in Versuchung«, bringt das Bewusstsein unseres Seins zum Ausdruck, das immer den Nachstellungen des Bösen und der Korruption ausgesetzt ist. Wir alle wissen, was Versuchung ist!

Angelus am 24. Juli 2016

VERTRAUEN AUF GOTT

Die Lehre Jesu vom Gebet setzt sich mit zwei Gleichnissen fort, mit denen er die Haltung eines Freundes gegenüber einem anderen Freund und jene eines Vaters gegenüber seinem Sohn zum Vorbild nimmt (vgl. Lk 11,5–12). Beide wollen uns lehren, volles Vertrauen in Gott zu haben, der Vater ist. Er kennt unsere Bedürfnisse besser als wir selbst, doch er will, dass wir sie wagemutig und inständig vor ihn bringen, da dies unsere Art und Weise ist, an seinem Heilswerk Anteil zu haben. Das Gebet ist das erste und hauptsächliche »Werkzeug« in unseren Händen! Vor Gott auf etwas beharren dient nicht dazu, ihn zu überzeugen, sondern unseren Glauben und unsere Geduld stärker werden zu lassen.

Angelus am 24. Juli 2016

KOMM, HEILIGER GEIST

Jesus sagt es: »Wenn nun schon ihr, die ihr böse seid, euren Kindern gebt, was gut ist, wie viel mehr wird der Vater im Himmel den Heiligen Geist denen geben, die ihn bitten« (Lk 11,13). Der Heilige Geist! Wir müssen darum bitten, dass der Heilige Geist in uns komme. Doch wozu dient der Heilige Geist? Er dient zum guten Leben, zu einem Leben voll Weisheit und Liebe, indem man den Willen Gottes tut. Was für ein schönes Gebet wäre es doch in dieser Woche, wenn ein jeder von uns den Vater bäte: »Vater, schenke mir den Heiligen Geist!« Die Gottesmutter zeigt es uns mit ihrem Dasein, das ganz vom Geist Gottes beseelt ist. Sie helfe uns, vereint mit Jesus zum Vater zu beten, um nicht auf weltliche Weise zu leben, sondern nach dem Evangelium, geführt vom Heiligen Geist.

Angelus am 24. Juli 2016

DIE GEBOTE VERWIRKLICHEN

[Im Abschnitt Mt 5,17-37 der Bergpredigt] will Jesus seinen Zuhörern helfen, das mosaische Gesetz neu zu lesen. Was im Alten Bund gesagt wurde, war wahr, doch es war nicht alles: Jesus ist gekommen, um das Gesetz Gottes bis zum kleinsten Buchstaben (vgl. V. 18) endgültig zur Erfüllung zu bringen und zu verkünden. Er zeigt dessen ursprüngliche Ziele auf und erfüllt dessen authentische Aspekte, und er tut all dies durch seine Verkündigung und mehr noch durch das Opfer seiner selbst am Kreuz. [Jesus lehrt uns], wie der Wille Gottes ganz erfüllt wird, und er gebraucht dieses Wort mit einer »größeren Gerechtigkeit als die der Schriftgelehrten und Pharisäer« (vgl. V. 20). Eine von Liebe, Nächstenliebe, Barmherzigkeit beseelte Gerechtigkeit, die imstande ist, die Substanz der Gebote zu verwirklichen.

Angelus am 12. Februar 2017

Samstag

AUGUST 03

Lydia von Philippi, Burkhard, Benno von Einsiedeln

JESUS FORDERT UNS

Hinsichtlich des Gebots »Du sollst nicht töten« sagt [Jesus], dass es nicht nur durch ein tatsächliches Töten gebrochen wird, sondern auch von jenen Verhaltensweisen, die die Würde der menschlichen Person verletzen, einschließlich beleidigender Worte (vgl. Mt 5,22). Gewiss, diese beleidigenden Worte haben nicht dieselbe Schwere und Schuldhaftigkeit wie die Tötung, doch sie stehen auf derselben Linie, da sie deren Voraussetzung sind und dieselbe Missgunst offenbaren. Jesus fordert uns auf, keine Rangliste der Verletzungen aufzustellen, sondern sie insgesamt für schädlich zu erachten, insofern sie von der Absicht herrühren, dem Nächsten Böses zuzufügen.

Angelus am 12. Februar 2017

Sonntag

18. SONNTAG IM JAHRESKREIS
Johannes Maria Vianney, Rainer von Spalato, Justinus

04 AUGUST

JESUS GIBT EIN BEISPIEL

Wir sind es gewohnt zu beleidigen, es ist, als sage man »Guten Tag«. Und das liegt auf derselben Linie wie die Tötung. Wer den Bruder beschimpft, tötet den Bruder in seinem Herzen. Bitte, nicht schimpfen! Damit gewinnen wir nichts ... Eine weitere Vollendung erfährt das Gesetz der Ehe. Der Ehebruch wurde als eine Verletzung des Eigentumsrechts des Mannes über die Frau angesehen. Jesus dagegen geht an die Wurzel des Übels. Wie man zum Töten über Schmähungen, Beleidigungen und Beschimpfungen gelangt, so kommt man zum Ehebruch über die Besitzabsichten gegenüber einer Frau, die nicht die Ehefrau ist.

Angelus am 12. Februar 2017

Montag

AUGUST 05

Oswald von Northumbrien,
Dominika von Florenz

UNS SELBST BEFRAGEN

Der Ehebruch wird wie Diebstahl, Korruption und alle anderen Sünden zuerst in unserem Inneren geplant, und wenn im Herzen erst einmal die falsche Entscheidung getroffen ist, kommt es zu deren Verwirklichung im konkreten Verhalten. Und Jesus sagt: Wer eine Frau, die nicht die eigene ist, mit dem Gedanken an Besitz ansieht, hat in seinem Herzen schon Ehebruch mit ihr begangen, er hat den Weg zum Ehebruch eingeschlagen. Denken wir ein wenig darüber nach: über die schlechten Gedanken, zu denen es auf dieser Linie kommt.

Angelus am 12. Februar 2017

VERTRAUEN AUFBAUEN

Jesus sagt [...] seinen Jüngern, dass sie nicht schwören sollen, insofern das Schwören Zeichen von Unsicherheit und Doppelzüngigkeit ist, über die hinweg sich die menschlichen Beziehungen entwickeln. Man instrumentalisiert die Vollmacht Gottes, um eine absichernde Garantie für unsere menschlichen Angelegenheiten zu geben. Vielmehr sind wir aufgerufen, unter uns, in unseren Familien und in unseren Gemeinschaften eine Atmosphäre der Klarheit und des gegenseitigen Vertrauens aufzubauen, sodass man uns für aufrichtig halten kann, ohne dabei auf ein höheres Eingreifen angewiesen zu sein, damit uns geglaubt wird.

Angelus am 12. Februar 2017

Mittwoch

AUGUST 07

Kajetan von Thiene, Sixtus II., Edmund Bojanowski, Afra, Donatus von Arezzo

ALLES MIT LIEBE TUN

Der Argwohn und das gegenseitige Misstrauen bedrohen immer die Gelassenheit und Zuversicht! Die Jungfrau Maria, Frau des fügsamen Zuhörens und des freudigen Gehorsams, helfe uns, immer mehr dem Evangelium nahezukommen, um Christen zu sein, die es nicht nur der »Fassade nach« sind, sondern ihrem Wesen nach! Und das ist mit der Gnade des Heiligen Geistes möglich, die es uns gestattet, alles mit Liebe zu tun und so den Willen Gottes ganz zu erfüllen.

Angelus am 12. Februar 2017

Donnerstag

Domingo (Dominikus), Cyriakus,
Hildiger (Hilger)

08 AUGUST

DIE LIEBE BLEIBT

Wenn wir das glauben, dann macht uns der Tod keine Angst mehr und können wir auch hoffen, friedlich aus dieser Welt zu scheiden, mit viel Zuversicht. Wer Jesus kennengelernt hat, fürchtet nichts mehr. Und auch wir können die Worte des greisen Simeon wiederholen, der ebenfalls gesegnet war von der Begegnung mit Jesus nach einem ganzen Leben, das er in der Erwartung verbracht hatte: »Nun lässt du, Herr, deinen Knecht, wie du gesagt hast, in Frieden scheiden. Denn meine Augen haben das Heil gesehen« (Lk 2,29-30). Und in jenem Augenblick werden wir endlich nichts mehr brauchen, wird unser Blick nicht mehr getrübt sein. Wir werden nicht mehr nutzlos weinen, weil alles vergangen ist: [...] Aber die Liebe nicht, sie bleibt. Denn »die Liebe hört niemals auf« (vgl. 1 Kor 13,8).

Generalaudienz am 25. Oktober 2017

Freitag

AUGUST 09

Teresia Benedicta vom Kreuz (Edith Stein), Altmann von Passau

HOFFE IMMER

Denk nach, dort, wohin Gott dich gestellt hat, hoffe! Hoffe immer. Kapituliere nicht vor der Nacht: Denk daran, dass der erste Feind, den es zu überwinden gilt, sich nicht außerhalb von dir befindet: Er ist in dir. Gewähre daher den bitteren, dunklen Gedanken keinen Raum. Diese Welt ist das erste Wunder, das Gott gewirkt hat, und Gott hat in unsere Hände die Gnade gelegt, neue Wunder zu wirken.

Generalaudienz am 20. September 2017

Samstag

Laurentius (Lorenz, Lars),
Asteria von Bergamo (Astrid)

10 AUGUST

BAUEN, TRÄUMEN, GLAUBEN

Glaube und Hoffnung gehen Hand in Hand. Glaub an die Existenz der höchsten und schönsten Wahrheiten. Vertrau auf Gott, den Schöpfer, auf den Heiligen Geist, der alles zum Guten führt, an die Umarmung Christi, die am Ende des Lebens auf jeden Menschen wartet; glaub daran, er wartet auf dich. Die Welt kommt voran durch den Blick vieler Menschen, die Breschen geschlagen haben, die Brücken gebaut haben, die geträumt und geglaubt haben; auch wenn sie um sich herum spöttische Worte gehört haben.

Generalaudienz am 20. September 2017

Sonntag

AUGUST

11

19. SONNTAG IM JAHRESKREIS
Klara von Assisi, Susanna von Rom,
Nikolaus von Kues

HOFFNUNG IM HERZEN

Das Evangelium (Lk 12,32-48) spricht von der Sehnsucht nach der endgültigen Begegnung mit Christus, einer Sehnsucht, die uns stets bereit sein lässt mit wachem Geist, da wir dieser Begegnung aus ganzem Herzen und mit allem, was wir sind, entgegenharren. Das ist ein grundlegender Aspekt des Lebens. Es gibt eine Sehnsucht, die wir alle – ob ausdrücklich oder verborgen – im Herzen haben, alle tragen wir diese Sehnsucht im Herzen. Es ist wichtig, auch diese Lehre Jesu im konkreten, existenziellen Kontext zu sehen, in dem er sie vermittelt hat. In diesem Fall zeigt uns der Evangelist Lukas Jesus, der mit seinen Jüngern nach Jerusalem unterwegs ist, hin zu seinem Pascha des Todes und der Auferstehung, und auf diesem Weg erzieht er sie, indem er ihnen das anvertraut, was er selbst im Herzen trägt.

Angelus am 11. August 2013

Montag

Johanna Franziska von Chantal,
Radegunde von Thüringen, Karl Leisner

12 AUGUST

SEHNSUCHT IM HERZEN

Für uns ist es die Erwartung Christi selbst, der kommen wird, um uns zu holen und zum Fest ohne Ende zu bringen, wie er es bereits mit seiner Mutter getan hat, der allerseligsten Jungfrau Maria, die er zu sich in den Himmel genommen hat. Dieses Evangelium (Lk 12,32-48) will uns sagen, dass der Christ ein Mensch ist, der ein großes Verlangen, eine tiefe Sehnsucht in sich trägt: das Verlangen, gemeinsam mit den Brüdern und Schwestern, mit den Weggefährten seinem Herrn zu begegnen. Und alles, was Jesus uns sagt, ist in einem berühmten Wort Jesu zusammengefasst: »Wo euer Schatz ist, da ist auch euer Herz« (Lk 12,34). Das Herz, das Sehnsucht spürt.

Angelus am 11. August 2013

Dienstag

AUGUST 13

Gertrud von Altenberg, Wigbert von Fritzlar, Gerold von Lübeck

DEM HERZ ANTWORTEN

Wir alle sehnen uns nach etwas. Es sind arme Leute, die keine Sehnsucht haben; Sehnsucht, vorwärtszugehen, hin zum Horizont, und für uns Christen ist dieser Horizont die Begegnung mit Jesus, die Begegnung mit ihm, der unser Leben, unsere Freude ist, was uns glücklich macht. Aber ich möchte euch zwei Fragen stellen. Die erste: Ihr alle, habt ihr ein verlangendes Herz, ein Herz, das Sehnsucht verspürt? Denkt nach und antwortet in Stille in eurem Herzen. Hast du ein Herz, das etwas ersehnt, oder hast du ein verschlossenes Herz, ein eingeschlafenes Herz, ein gegenüber den Dingen des Lebens narkotisiertes Herz? Das Verlangen vorwärtszugehen, hin zur Begegnung mit Jesus.

Angelus am 11. August 2013

LIEBE AUSSÄEN

Wo ist dein Schatz, das, was du ersehnst? – denn Jesus hat gesagt: »Wo euer Schatz ist, da ist auch euer Herz« – und ich frage: »Wo ist dein Schatz?« Was ist für dich die wichtigste, die kostbarste Wirklichkeit, die Wirklichkeit, die mein Herz wie ein Magnet anzieht? Was zieht dein Herz an? Kann ich sagen, dass es die Liebe Gottes ist? Ist da der Wunsch, den anderen Gutes zu tun [...]? Kann ich das sagen? Jeder antworte in seinem Herzen. Doch einer mag mir sagen: Pater, aber ich bin doch einer, der arbeitet, der eine Familie hat, für mich besteht die wichtigste Wirklichkeit darin, meine Familie zu unterhalten, die Arbeit ... Gewiss, das ist wahr, das ist wichtig. Aber welche Kraft hält die Familie zusammen? Gerade die Liebe ist es, und wer die Liebe in unserem Herzen aussät, das ist Gott.

Angelus am 11. August 2013

Donnerstag

AUGUST 15 MARIÄ AUFNAHME IN DEN HIMMEL

Mechthild von Magdeburg

DIE OFFENBARUNG DER LIEBE

Gerade die Liebe Gottes ist es, die den kleinen Verpflichtungen des Alltags Sinn gibt und auch dabei hilft, die großen Prüfungen anzunehmen. Das ist der wahre Schatz des Menschen. Mit Liebe im Leben vorwärtszugehen, mit jener Liebe, die der Herr im Herzen ausgesät hat, mit der Liebe Gottes. Das ist der wahre Schatz. Doch was ist die Liebe Gottes? Sie ist nicht etwas Unbestimmtes, ein vages Gefühl. Die Liebe Gottes hat einen Namen und ein Gesicht: Jesus Christus, Jesus. Die Liebe Gottes offenbart sich in Jesus. Denn wir können nicht die Luft lieben. Lieben wir die Luft? Lieben wir das Ganze? Nein, das kann man nicht, wir lieben Personen, und die Person, die wir lieben, ist Jesus, das Geschenk des Vaters unter uns. Das ist eine Liebe, die allem anderen Wert und Schönheit verleiht.

Angelus am 11. August 2013

VOM SINN DES SCHEITERNS

[Die Liebe] verleiht auch den negativen Erfahrungen Sinn, da uns diese Liebe gestattet, über diese Erfahrungen hinauszugehen, hinauszugehen, nicht Gefangene des Bösen zu bleiben, sondern sie lässt uns weitergehen, sie macht uns immer offen für die Hoffnung. Ja, die Liebe Gottes in Jesus öffnet uns immer für die Hoffnung, für jenen Horizont der Hoffnung, für den letzten Horizont unserer Pilgerschaft. So finden auch die Mühen und das Scheitern einen Sinn. Auch unsere Sünden finden einen Sinn in der Liebe Gottes, da uns diese Liebe Gottes in Jesus Christus immer vergibt, sie liebt uns so sehr, dass sie uns immer vergibt.

Angelus am 11. August 2013

Samstag

AUGUST

17

Johanna vom Kreuz (Jeanne),
Klara von Montefalco

HAB GEDULD!

Wenn du dich leer oder entmutigt fühlst, bitte darum, dass der Heilige Geist dein Nichts wieder füllen möge. Stifte Frieden unter den Menschen, und hör nicht auf die Stimme jener, die Hass und Spaltung verbreiten. Hör nicht auf diese Stimmen. Die Menschen, so unterschiedlich sie auch sind, wurden erschaffen, um gemeinsam zu leben. In Auseinandersetzungen hab Geduld: Eines Tages wirst du entdecken, dass jeder ein Stück der Wahrheit in sich trägt.

Generalaudienz am 20. September 2017

VERWANDELN LASSEN

Das Evangelium des heutigen Sonntags (Lk 12,49-53) ist Teil jener Lehren, die Jesus bei seinem Aufstieg nach Jerusalem, wo ihn der Tod am Kreuz erwartet, an die Jünger richtet. Um das Ziel seiner Sendung anzuzeigen, benutzt er drei Bilder: das Feuer, die Taufe und die Spaltung. Heute möchte ich vom ersten Bild sprechen: dem Feuer. Jesus bringt es mit diesen Worten zum Ausdruck: »Ich bin gekommen, um Feuer auf die Erde zu werfen. Wie froh wäre ich, es würde schon brennen!« (V. 49). Das Feuer, von dem Jesus spricht, ist das Feuer des Heiligen Geistes, lebendige und wirksame Gegenwart in uns vom Tag unserer Taufe an. Das Feuer ist eine schöpferische Kraft, die reinigt und erneuert. Es verbrennt jedes menschliche Elend, jeden Egoismus, jede Sünde. Es verwandelt uns von innen her.

Angelus am 14. August 2016

Montag

AUGUST **19** Johannes Eudes, Sebald von Nürnberg, Caritas Pirckheimer

OHNE ÄNGSTE LEBEN

Jesus wünscht, dass der Heilige Geist in unserem Herzen wie ein Feuer auflodert, denn nur vom Herzen ausgehend wird sich der Brand der göttlichen Liebe ausbreiten und das Reich Gottes vorankommen lassen können. Es geht nicht vom Kopf aus, es geht vom Herzen aus. Und deshalb will Jesus, dass das Feuer in unser Herz eintritt. Wenn wir uns vollständig dem Wirken dieses Feuers öffnen, das der Heilige Geist ist, wird er uns den Wagemut und den Eifer schenken, allen Jesus und seine tröstende Botschaft der Barmherzigkeit und des Heils zu verkünden, indem wir auf die offene See hinausfahren, ohne Ängste.

Angelus am 14. August 2016

HOFFNUNG SCHENKEN

Bei der Erfüllung ihrer Sendung in der Welt braucht die Kirche – das heißt wir alle, die wir Kirche sind – den Beistand des Heiligen Geistes, um sich nicht von Angst und Berechnung aufhalten zu lassen, um sich nicht daran zu gewöhnen, innerhalb sicherer Grenzen zu gehen. Diese beiden Haltungen führen die Kirche dazu, eine funktionale Kirche zu sein, die nie ein Risiko eingeht. Dagegen hilft uns der apostolische Mut, den der Heilige Geist in uns wie ein Feuer entzündet, die Mauern und Barrieren zu überwinden, er macht uns kreativ und drängt uns dazu, uns in Bewegung zu setzen, um auch unerforschte oder unbequeme Wege einzuschlagen und so allen, denen wir begegnen, Hoffnung zu schenken.

Angelus am 14. August 2016

Mittwoch

AUGUST

21

Pius X., Gratia von Alcira, Balduin von Rieti

MIT DEM BLICK DES APOSTELS

Mit [dem] Feuer des Heiligen Geistes werden wir aufgerufen, immer mehr zu einer von ihm geleiteten und verwandelten Gemeinschaft von Menschen zu werden, voller Verständnis, Menschen weiten Herzens und freudigen Angesichts. Mehr denn je braucht es heute Priester, Ordensleute und Laiengläubige mit dem aufmerksamem Blick des Apostels, um sich von den Nöten und Formen materieller und geistlicher Armut bewegen zu lassen, vor ihnen innezuhalten und auf diese Weise den Weg der Evangelisierung und der Sendung mit dem heilenden Rhythmus der Nähe zu kennzeichnen. Gerade das Feuer des Heiligen Geistes ist es, das uns dazu bringt, zum »Nächsten« der anderen zu werden: der Bedürftigen, der vielen Arten menschlichen Elends, der vielen Probleme, der Vertriebenen, der Flüchtlinge … all derer, die leiden.

Angelus am 14. August 2016

Donnerstag

Maria Königin (Regina),
Sigfrid von Wearmouth, Maurus

22 AUGUST

EINE GESCHICHTE HABEN

Viele sagen, dass [junge] Menschen gedankenlos und oberflächlich sind. Dem stimme ich überhaupt nicht zu! Man muss aber zugeben, dass es in unserer Zeit nötig ist, die Fähigkeit wiederzuerlangen, über das eigene Leben nachzudenken und es auf Zukunft hin zu gestalten. Eine Vergangenheit zu haben ist nicht gleichbedeutend damit, eine Geschichte zu haben. Wir können in unserem Leben viele Erinnerungen haben, doch wie viele davon bilden wirklich unser Gedächtnis? Wie viele haben eine Bedeutung für unsere Herzen und helfen uns, unserem Leben einen Sinn zu verleihen? Die Gesichter der Jugendlichen in den Social Media tauchen auf vielen Fotos auf, die mehr oder weniger reale Ereignisse erzählen. Wir wissen hingegen nicht, wie viel davon »Geschichte«, sprich Erfahrung ist, die erzählenswert ist als auch Ziel und Sinn in sich birgt.

Botschaft zum 32. Weltjugendtag am 27. Februar 2017

Freitag

AUGUST

23

Rosa von Lima,
Flavian von Autun

BEWAHREN LASSEN

Man sagt von Maria, dass sie alle Worte bewahrte und in ihrem Herzen erwog (vgl. Lk 2,19.51). Dieses einfache Mädchen aus Nazaret lehrt uns beispielhaft, die Erinnerung an die verschiedenen Begebenheiten des Lebens zu bewahren, diese aber auch zusammenzufügen und aus den Teilstücken ein einheitliches Ganzes zu bilden wie bei einem Mosaik. Wie können wir uns in diesem Sinne konkret einüben? Ich mache euch dazu einige Vorschläge.

Botschaft zum 32. Weltjugendtag am 27. Februar 2017

Samstag

Apostel Bartholomäus,
Ansoalda (Isolde), Karl

24 AUGUST

DIE KRAFT DER LIEBE

Liebe die Menschen. Liebe jeden einzelnen von ihnen. Achte den Weg eines jeden, ganz gleich, ob er geradlinig oder verworren ist, denn jeder hat seine Geschichte zu erzählen. Auch jeder von uns hat die eigene Geschichte zu erzählen. Jedes Kind, das geboren wird, ist die Verheißung eines Lebens, das sich erneut als stärker erweist als der Tod. Jede Liebe, die entsteht, ist eine verwandelnde Kraft, die zum Glück strebt. Jesus hat uns ein Licht geschenkt, das in der Dunkelheit erstrahlt: Verteidige es, schütze es. Dieses einzige Licht ist der größte Reichtum, der deinem Leben anvertraut ist.

Generalaudienz am 20. September 2017

Sonntag

AUGUST

25

21. SONNTAG IM JAHRESKREIS
Ludwig IX. von Frankreich, Josef von Calsanz, Elvira von Périgord

DURCH DIE TÜR GEHEN

Das heutige Evangelium Lk 13,22-30 lädt uns ein, über das Thema des Heils nachzudenken. Jesus zieht von Galiläa zur Stadt Jerusalem hinauf, und unterwegs nähert sich ihm einer – so berichtet der Evangelist Lukas – und fragt: »Herr, sind es nur wenige, die gerettet werden?« (V. 23). Jesus antwortet nicht direkt auf die Frage: Es ist nicht wichtig zu wissen, wie viele gerettet werden, sondern es ist vielmehr wichtig zu wissen, was der Weg des Heils ist. Und so antwortet Jesus mit den Worten: »Bemüht euch mit allen Kräften, durch die enge Tür zu gelangen; denn viele, sage ich euch, werden versuchen hineinzukommen, aber es wird ihnen nicht gelingen« (V. 24). Was will Jesus sagen? Was ist das für eine Tür, durch die wir eintreten müssen? Und warum spricht Jesus von einer engen Tür?

Angelus am 25. August 2013

ZUM HEIL FINDEN

Das Bild der Tür kommt verschiedene Male im Evangelium vor und ruft die Tür des Hauses in Erinnerung, des Zuhause, wo wir Sicherheit, Liebe, Wärme finden. Jesus sagt uns, dass es eine Tür gibt, die uns in die Familie Gottes eintreten lässt, in die Wärme des Hauses Gottes, der Gemeinschaft mit ihm. Diese Tür ist Jesus selbst (vgl. Joh 10,9). Er ist die Tür. Er ist der Zugang zum Heil. Er führt uns zum Vater. Und die Tür, die Jesus ist, ist nie verschlossen [...] sie ist immer und für alle offen [...] ohne jemanden auszuschließen, ohne Privilegien. Denn, wisst ihr, Jesus schließt niemanden aus. Jemand von euch mag mir vielleicht sagen: ›Aber Pater, ich bin gewiss ausgeschlossen, weil ich ein großer Sünder bin: Ich habe hässliche Dinge getan, viele habe ich getan im Leben.« Nein, du bist nicht ausgeschlossen!

Angelus am 25. August 2013

Monika, Gebhard II. von Konstanz, Cäsarius von Arles

AUFMERKSAM LEBEN

Jesus erwartet dich, um dich zu umarmen, um dir zu vergeben. Hab keine Angst: Er erwartet dich. Lebe auf, schöpfe Mut, um durch seine Tür einzutreten. Alle sind eingeladen, durch diese Tür zu gehen, durch die Tür des Glaubens zu gehen, in sein Leben einzutreten und ihn in unser Leben eintreten zu lassen, damit er es verwandle, erneuere, ihm erfüllte und dauerhafte Freude schenke. Heutzutage gehen wir an so vielen Türen vorbei, die einladen hineinzugehen und die ein Glück versprechen, von dem wir dann merken, dass es nur einen flüchtigen Augenblick dauert, dass es sich in sich selbst erschöpft und keine Zukunft hat. Doch ich frage euch: Wir – durch welche Tür wollen wir eintreten? Und wen wollen wir durch die Tür unseres Lebens eintreten lassen?

Angelus am 25. August 2013

DAS LICHT ERKENNEN

Ich möchte es kraftvoll sagen: Haben wir keine Angst, durch die Tür des Glaubens an Jesus zu gehen, ihn immer mehr in unser Leben eintreten zu lassen, aus unseren Egoismen herauszugehen, aus unserer Verschlossenheit, aus unserer Gleichgültigkeit gegenüber den anderen. Denn Jesus erhellt unser Leben mit einem Licht, das nicht mehr verlischt. Es ist kein Feuerwerk, es ist kein Lichtblitz! Nein, es ist ein ruhiges Licht, das für immer dauert und uns Frieden schenkt. So ist das Licht, auf das wir treffen, wenn wir durch die Tür Jesu hineingehen.

Angelus am 25. August 2013

Donnerstag

AUGUST 29

Enthauptung Johannes' des Täufers, Sabina von Rom, Beatrix von Aa, Theodora

CHRISTUS FOLGEN

Gewiss, die Tür Jesu ist eng, nicht aber weil sie eine Folterkammer wäre. Nein, nicht deshalb! Sondern weil er uns auffordert, ihm unser Herz zu öffnen, uns als Sünder zu erkennen, die des Heils, seiner Vergebung, seiner Liebe bedürfen, die Demut zu haben, seine Barmherzigkeit anzunehmen und uns von ihm erneuern zu lassen. Im Evangelium sagt uns Jesus, dass Christsein nicht heißt, ein »Etikette« zu haben! Ich frage euch: Seid ihr Etikettenchristen oder Christen in Wahrheit? Ein jeder soll sich in seinem Innern die Antwort geben! Niemals Etikettenchristen! Christen in Wahrheit, aus dem Herzen. Christsein heißt, den Glauben im Gebet, in den Werken der Nächstenliebe, in der Förderung der Gerechtigkeit, im Tun des Guten zu leben und zu bezeugen. Durch die enge Tür, die Christus ist, muss unser ganzes Leben gehen.

Angelus am 25. August 2013

VORAUSSCHAUEND LEBEN

Das Evangelium zeigt uns [heute] (Mt 25,1-13) die Voraussetzung, um in das Himmelreich zu gelangen, und es tut dies mit dem Gleichnis von den zehn Jungfrauen: Es handelt sich um jene Brautjungfern, die den Auftrag hatten, den Bräutigam in Empfang zu nehmen und zur Hochzeitsfeier zu begleiten, und da es zu jener Zeit Brauch war, das Fest nachts zu feiern, waren die Brautjungfern mit Lampen ausgestattet. Das Gleichnis sagt, dass fünf von ihnen klug waren und fünf töricht: Denn die klugen Jungfrauen haben Öl für die Lampen mitgenommen, während die törichten kein Öl mitbrachten.

Angelus am 12. November 2017

Samstag

AUGUST

31

Paulinus von Trier,
Raimundus Nonnatus

WACHSAM SEIN

Der Bräutigam lässt auf sich warten und alle schlafen ein. Mitten in der Nacht wird die Ankunft des Bräutigams angekündigt. Da bemerken die törichten Jungfrauen, dass sie kein Öl für die Lampen haben, und bitten die klugen darum. Diese aber erwidern, dass sie es ihnen nicht geben können, da es nicht für alle reichen würde. Während sich also die törichten Jungfrauen auf die Suche nach dem Öl machen, kommt der Bräutigam. Die klugen Jungfrauen gehen mit ihm in den Hochzeitssaal und die Tür wird zugeschlossen. Die fünf törichten kommen zu spät zurück, sie klopfen an die Tür, doch die Antwort lautet: »Ich kenne euch nicht« (Mt 25,12), und sie bleiben draußen. Was will uns Jesus mit diesem Gleichnis lehren? Er ruft uns in Erinnerung, dass wir uns für die Begegnung mit ihm bereithalten müssen.

Angelus am 12. November 2017

Sonntag

22. SONNTAG IM JAHRESKREIS
Ruth, Josua, Gideon, Verena,
Ägidius, Aloys Scholze

01 SEPTEMBER

DIE LEHRE VON DER DEMUT

Die Episode aus dem heutigen Evangelium [Lk 14,7-14] zeigt uns Jesus im Haus eines der führenden Pharisäer, als er aufmerksam beobachtet, wie die zum Essen geladenen Gäste sehr darauf bedacht sind, sich die ersten Plätze auszusuchen. [...] Als er diese Szene sieht, erzählt er zwei kurze Gleichnisse, mit denen er zwei Weisungen gibt: Eine betrifft den Patz, die andere betrifft den Lohn. [...] Jesus sagt: »Wenn du zu einer Hochzeit eingeladen bist, such dir nicht den Ehrenplatz aus. Denn es könnte ein anderer eingeladen sein, der vornehmer ist als du, und dann würde der Gastgeber, der dich und ihn eingeladen hat, kommen und zu dir sagen: Mach diesem hier Platz! [...] Wenn du also eingeladen bist, setz dich lieber, wenn du hinkommst, auf den untersten Platz« (Lk 14,8-10). Mit diesem Ratschlag will [Jesus] eine Lehre über den Wert der Demut geben.

Angelus am 28. August 2016

SEPTEMBER

Montag

02

Ingrid Elovsdotter,
Franz Urban Salins de Niart

LOHN EMPFANGEN

Die Geschichte lehrt, dass Stolz, Strebertum, Eitelkeit, Prahlerei die Ursache vieler Übel sind. Und Jesus lässt uns die Notwendigkeit verstehen, den letzten Platz zu wählen, das heißt Kleinheit und Verborgenheit zu suchen: die Demut. Wenn wir vor Gott diese Haltung der Demut einnehmen, dann erhöht uns Gott. Er beugt sich über uns, um uns zu ihm zu erheben. »Denn wer sich selbst erhöht, wird erniedrigt, und wer sich selbst erniedrigt, wird erhöht werden« (Mt 14,11). Die Worte Jesu unterstreichen völlig verschiedene und entgegengesetzte Haltungen: die Haltung dessen, der sich seinen Platz aussucht, und die Haltung dessen, der ihn sich von Gott zuweisen lässt und von ihm den Lohn erwartet. Vergessen wir nicht: Gott entlohnt viel großzügiger als die Menschen!

Angelus am 28. August 2016

AUS LIEBE DIENEN

Der Platz, den Gott uns gibt, ist nahe bei seinem Herzen und sein Lohn ist das ewige Leben. »Du wirst selig sein«, sagt Jesus, »... es wird dir vergolten werden bei der Auferstehung der Gerechten« (Mt 14,14). Das ist es, was im zweiten Gleichnis beschrieben wird, in dem Jesus die Haltung der Uneigennützigkeit aufzeigt, die die Gastfreundschaft kennzeichnen muss. Er sagt: »Wenn du ein Essen gibst, dann lade Arme, Krüppel, Lahme und Blinde ein. Du wirst selig sein, denn sie können es dir nicht vergelten« (V. 13-14). Es geht darum, die Unentgeltlichkeit zu wählen statt die opportunistische Berechnung, die danach trachtet, einen Lohn zu erhalten, die das eigene Interesse im Auge hat und versucht, sich noch mehr zu bereichern.

Angelus am 28. August 2016

Irmgard von Süchteln, Ida von Herzfeld, Iris, Rosa von Viterbo

DAS HERZ ÖFFNEN

Jesus verleiht denen eine Stimme, die keine Stimme haben, und richtet an jeden von uns den eindringlichen Aufruf, das Herz zu öffnen und die Leiden und Ängste der Armen zu den unsrigen zu machen, die Leiden und Ängste der Hungernden, der Ausgegrenzten, der Flüchtlinge, der vom Leben Besiegten, aller von der Gesellschaft und von der Anmaßung der Stärkeren Ausgeschlossenen. Und diese Ausgeschlossenen sind in Wirklichkeit die übergroße Mehrheit der Bevölkerung.

Angelus am 28. August 2016

VERTRAUEN HABEN

Am Ufer des Sees von Galiläa [Lk 5,1-11] sind einige Fischer, die nach einer Nacht der Arbeit, ohne etwas gefangen zu haben, die Netze waschen und herrichten. Jesus steigt in das Boot, das dem Simon gehört, und bittet ihn, ein Stück weit vom Land wegzufahren, und er verkündet dem Volk, das sich zahlreich versammelt hat, das Wort Gottes. Als er seine Rede beendet hat, weist er ihn an, auf den See hinauszufahren und die Netze auszuwerfen. Simon hatte Jesus bereits kennengelernt und die wunderbare Macht seines Wortes erfahren, deshalb antwortet er ihm: »Meister, wir haben die ganze Nacht gearbeitet und nichts gefangen. Doch wenn du es sagst, werde ich die Netze auswerfen« (V. 5). Und dieser sein Glaube wird nicht enttäuscht: Sie fingen eine so große Menge Fische, dass ihre Netze fast zu reißen drohten (vgl. V. 6).

Angelus am 7. Februar 2016

Magnus von St. Gallen, Gundolf von Metz, Stephan von Die

ZEICHEN ERKENNEN

Die Fischer werden von großem Staunen ergriffen. Simon Petrus fällt Jesus zu Füßen und sagt: »Herr, geh weg von mir; ich bin ein Sünder« (Lk 15,8). Jenes wunderbare Zeichen hat ihn überzeugt, dass Jesus nicht nur ein großer Meister ist, dessen Wort wahr und mächtig ist, sondern dass er der Herr, dass er die Offenbarung Gottes ist. Und diese nahe Gegenwart erweckt in Petrus das klare Bewusstsein dafür, dass er bedürftig und dessen nicht würdig ist. Unter einem menschlichen Gesichtspunkt denkt er, dass es zwischen dem Sünder und dem Heiligen einen Abstand geben müsse. Tatsächlich aber macht es gerade seine Sündhaftigkeit erforderlich, dass der Herr sich nicht von ihm entfernt, ebenso wie sich ein Arzt nicht von dem abwenden darf, der krank ist.

Angelus am 7. Februar 2016

LIEBE GOTTES VERBREITEN

Die Antwort Jesu an Simon Petrus ist beruhigend und entschlossen: »Fürchte dich nicht! Von jetzt an wirst du Menschen fangen« (Lk 15,10). Und erneut setzt der Fischer aus Galiläa sein Vertrauen in dieses Wort, verlässt alles und folgt dem nach, der zu seinem Meister und Herrn geworden ist. Und so taten es auch Jakobus und Johannes, die Arbeitsgefährten des Simon. Das ist die Logik, die die Sendung Jesu und die Sendung der Kirche leitet: sich auf die Suche zu machen, die Männer und Frauen zu »fischen«, nicht um Proselytismus zu betreiben, sondern um allen durch die Vergebung der Sünden die volle Würde und Freiheit zurückzugeben. Das ist das Wesentliche des Christentums: die heilende und unentgeltliche Liebe Gottes zu verbreiten, verbunden mit einer Haltung der Barmherzigkeit.

Angelus am 7. Februar 2016

GNADE ERKENNEN

Das Evangelium (Lk 5,1-11) stellt uns vor eine Frage: Wissen wir uns wirklich dem Wort des Herrn anzuvertrauen? Oder lassen wir uns durch unser Scheitern entmutigen? In diesem Heiligen Jahr sind wir dazu aufgerufen, all jenen Trost zu spenden, die sich als Sünder und unwürdig vor dem Herrn und aufgrund der eigenen Fehler niedergeschlagen fühlen, indem wir zu ihnen dieselben Worte wie Jesus sagen: »Fürchte dich nicht!« »Die Barmherzigkeit des Vaters ist größer als deine Sünden! Sie ist größer, fürchte dich nicht!« Die Jungfrau Maria helfe uns, immer mehr zu begreifen, dass Jünger sein bedeutet, den Spuren des Meisters zu folgen: Es sind dies die Spuren der göttlichen Gnade, die das Leben für alle erneuert.

Angelus am 7. Februar 2016

Montag

SEPTEMBER

09

Petrus Claver, Friedrich (Frederic) Ozanam,
Euthymia Üffing (Emma)

GEDULDIG SEIN

Ihr wisst, dass Jesus voller Barmherzigkeit ist. Deshalb teilt mit ihm alles, was ihr im Herzen tragt: die Ängste und Sorgen, die Träume und Hoffnungen. Pflegt das innere Leben wie einen Garten oder ein Feld. Das braucht Zeit und Geduld. Aber wie ein Bauer das Heranwachsen der Ernte erwarten kann, so wird der Herr auch euch, wenn ihr Geduld besitzt, reiche Frucht bringen lassen, eine Frucht, die ihr dann mit den anderen teilen könnt.

Predigt in der Eucharistiefeier in der Kathedrale St. Mary's in Yangon auf der apostolischen Reise nach Myanmar und Bangladesch am 30. November 2017

SEPTEMBER

Dienstag

10

Nikolaus von Tolentino, Diethard von Tongern, Dagobert II. von Austrasien

BETET UM MUT!

Sei verantwortlich für diese Welt und für das Leben eines jeden Menschen. Denk daran, dass jedes Unrecht gegenüber einem armen Menschen eine offene Wunde ist und deine eigene Würde mindert. Das Leben hört nicht mit deiner Existenz auf, und auf diese Welt werden weitere Generationen kommen, die auf unsere Generation folgen werden, und noch viele weitere. Und bitte Gott jeden Tag um die Gabe des Mutes.

Generalaudienz am 20. September 2017

ANGST ÜBERWINDEN

Unsere ärgste Feindin kann gegen den Glauben nichts ausrichten. Und wenn irgendeine Schwierigkeit im Leben dir Furcht einflößt, dann denk daran, dass du nicht nur für dich selbst lebst. In der Taufe wurde dein Leben hineingenommen in das Geheimnis der Dreifaltigkeit, und du gehörst zu Jesus. Und wenn eines Tages dich die Angst ergreifen sollte oder du meinst, dass das Böse zu groß ist, um sich ihm entgegenzustellen, dann denk einfach daran, dass Jesus in dir lebt. Und er ist es, der durch dich mit seiner Güte alle Feinde des Menschen unterwerfen will: die Sünde, den Hass, das Verbrechen, die Gewalt; alle unsere Feinde.

Generalaudienz am 20. September 2017

Mariä Namen (Marion), Guido von Anderlecht, Gerfried von Münster

TREUE LEBEN

Hab stets den Mut zur Wahrheit, aber denk dran: Du bist niemandem überlegen. […] Selbst wenn du der letzte Mensch wärst, der noch an die Wahrheit glaubt: Scheue deshalb nicht die Gesellschaft der Menschen. Selbst wenn du in der Stille einer Einsiedelei lebst, trage im Herzen das Leiden eines jeden Geschöpfs. Du bist Christ; und im Gebet legst du alles wieder in Gottes Hand. Und hege Ideale. Lebe für etwas, das über den Menschen hinausgeht. Und wenn diese Ideale eines Tages von dir verlangen sollten, eine gepfefferte Rechnung zu bezahlen, dann hör niemals auf, sie in deinem Herzen zu tragen. Die Treue erlangt alles.

Generalaudienz am 20. September 2017

Freitag

13 SEPTEMBER

Johannes Chrysostomus, Tobias und Tobit,
Notburga von Rattenberg

KEINE ANGST VOR FEHLERN

Wenn du einen Fehler machst, stehe wieder auf: Nichts ist menschlicher, als Fehler zu machen. Und eben diese Fehler dürfen für dich nicht zu einem Gefängnis werden. Bleib nicht in deinen Fehlern verhaftet. Der Gottessohn ist nicht für die Gesunden, sondern für die Kranken gekommen: Er ist also auch für dich gekommen. Und wenn du auch in Zukunft noch Fehler machen wirst, dann hab keine Angst, erhebe dich wieder! Weißt du, warum? Weil Gott dein Freund ist.

Generalaudienz am 20. September 2017

SEPTEMBER

Samstag

14

KREUZERHÖHUNG

Conan O'Rourke (Kornelius)

FEST GLAUBEN

Wenn dich die Bitterkeit heimsucht, dann glaube fest an alle Menschen, die sich noch für das Gute einsetzen: In ihrer Demut liegt der Same einer neuen Welt. Hab Umgang mit den Menschen, die sich ein kindliches Herz bewahrt haben. Lerne vom Wunder, pflege das Staunen. Lebe, liebe, träume, glaube. Und mit der Gnade Gottes, verzweifle nie.

Generalaudienz am 20. September 2017

Sonntag

24. SONNTAG IM JAHRESKREIS
Schmerzen Mariens (Dolores), Roland von Medici, Melitta von Preslav (Melissa)

15 SEPTEMBER

GOTT FREUT SICH

In der heutigen Liturgie wird das 15. Kapitel des Lukasevangeliums verlesen, das die drei Gleichnisse der Barmherzigkeit enthält: das Gleichnis vom verlorenen Schaf, jenes vom verlorenen Geldstück und dann das längste aller Gleichnisse, das charakteristisch für Lukas ist, das Gleichnis vom Vater und den beiden Söhnen, dem »verlorenen« Sohn und dem Sohn, der sich für »gerecht« hält, der sich »heilig« wähnt. Alle drei Gleichnisse sprechen von der Freude Gottes. Gott freut sich. Interessant ist das: Gott freut sich!

Angelus am 15. September 2013

LIEBE UND FREUDE

Die Freude Gottes besteht darin zu vergeben! Es ist die Freude eines Hirten, der sein Schaf wiederfindet; die Freude einer Frau, die ihr Geldstück wiederfindet; es ist die Freude eines Vaters, der den Sohn im Haus aufnimmt, der verloren war, der wie gestorben war und zum Leben zurückgekehrt ist, der nach Hause zurückgekehrt ist. Hier ist das ganze Evangelium! Hier! Hier ist das ganze Evangelium, hier ist das ganze Christentum! Aber aufgepasst, das ist kein Gefühl, das ist kein »Gutmenschentum«! Im Gegenteil, die Barmherzigkeit ist die wahre Kraft, die den Menschen und die Welt vor dem »Krebsgeschwür« retten kann, das die Sünde ist, das moralische Übel, das geistliche Übel. Allein die Liebe erfüllt die Leere, die negativen Abgründe, die das Böse im Herzen und in der Geschichte aufreißt.

Angelus am 15. September 2013

Hildegard von Bingen, Robert Bellarmin, Ariadne (Ariane)

GOTT VERGISST UNS NICHT

Jesus ist ganz Barmherzigkeit, Jesus ist ganz Liebe: Er ist der Mensch gewordene Gott. Jeder von uns, jeder von uns ist jenes verlorene Schaf, jenes verlorene Geldstück; jeder von uns ist jener Sohn, der seine Freiheit vergeudet hat, falschen Götzen, Blendwerken des Glücks, gefolgt ist und alles verloren hat. Doch Gott vergisst uns nicht, der Vater verlässt uns nie. Er ist ein geduldiger Vater, er erwartet uns immer! Er respektiert unsere Freiheit, doch er bleibt immer treu. Und wenn wir zu ihm zurückkehren, nimmt er uns in seinem Haus wie Kinder auf, da er niemals aufhört, auch nicht einen Augenblick, uns voll Liebe zu erwarten. Und sein Herz feiert ein Fest für jedes Kind, das zurückkehrt. Es feiert ein Fest, weil es eine Freude ist. Gott hat diese Freude, wenn einer von uns Sündern zu ihm geht und um seine Vergebung bittet.

Angelus am 15. September 2013

SEPTEMBER

Mittwoch

18

Lambert von Maastricht, Lambert von Freising, Richardis von Andlau (Ricarda)

NIE URTEILEN

Die Gefahr besteht darin, dass wir uns für gerecht halten und über die anderen urteilen. Wir urteilen auch über Gott, weil wir denken, dass er die Sünder züchtigen, zum Tod verurteilen sollte, statt ihnen zu vergeben. Ja, dann laufen wir Gefahr, draußen vor dem Haus des Vaters zu bleiben! Wie jener ältere Bruder des Gleichnisses, der – statt zufrieden zu sein, weil der Bruder zurückgekehrt ist – zornig auf den Vater ist, der ihn aufgenommen hat und ein Fest feiert.

Angelus am 15. September 2013

Donnerstag

19 SEPTEMBER

Theodor von Canterbury, Igor von Kiew, Januarius von Neapel

VERGEBUNG LERNEN

Wenn in unserem Herzen keine Barmherzigkeit ist, keine Freude der Vergebung, sind wir nicht in Gemeinschaft mit Gott, selbst wenn wir alle Gebote befolgen, denn es ist die Liebe, die rettet, nicht allein die Befolgung der Gebote. Es ist die Liebe zu Gott und zum Nächsten, die alle Gebote erfüllt. Und das ist die Liebe Gottes, seine Freude: vergeben. Er erwartet uns immer! Vielleicht trägt da jemand in seinem Herzen etwas Schweres: »Aber ich habe das getan, ich habe jenes getan …« Er erwartet dich! Er ist Vater: Immer erwartet er uns!

Angelus am 15. September 2013

Andreas Kim Taegon, Paulus Chong Hasang, Eustachius

GERECHTIGKEIT LEBEN

Wenn wir nach dem Gesetz »Auge um Auge, Zahn um Zahn« leben, dann kommen wir nie aus der Spirale des Bösen heraus. Der Teufel ist schlau und macht uns vor, dass wir mit unserer menschlichen Gerechtigkeit uns und die Welt retten können. In Wirklichkeit kann uns allein die Gerechtigkeit Gottes retten! Und die Gerechtigkeit Gottes hat sich am Kreuz offenbart: Das Kreuz ist das Urteil Gottes über uns alle und über diese Welt. Wie aber urteilt Gott über uns? Indem er sein Leben für uns hingibt! Ja, das ist der höchste Akt der Gerechtigkeit, der ein für alle Mal den Fürsten dieser Welt besiegt hat; und dieser höchste Akt der Gerechtigkeit ist gerade auch der höchste Akt der Barmherzigkeit.

Angelus am 15. September 2013

Samstag

21 SEPTEMBER

Apostel und Evangelist Matthäus,
Debora, Jona (Jonas)

BARMHERZIGKEIT LERNEN

Jesus ruft uns alle, diesem Weg zu folgen: »Seid barmherzig, wie es auch euer Vater ist!« (Lk 6,36). Ich bitte euch um etwas, jetzt. In Stille wollen wir alle nachdenken ... jeder denke an einen Menschen, mit dem wir nicht gutstehen, auf den wir zornig sind, den wir nicht gern haben. Denken wir an jenen Menschen und beten wir in Stille, in diesem Augenblick, für diese Person und werden wir barmherzig gegenüber diesem Menschen.

Angelus am 15. September 2013

DEM GEIST JESU FOLGEN

Heute lädt uns Jesus ein, über zwei einander entgegengesetzte Lebensstile nachzudenken: den weltlichen Lebensstil und den Lebensstil des Evangeliums. Und Jesus tut dies mit der Erzählung des Gleichnisses vom untreuen und korrupten Verwalter, den er trotz seiner Unehrlichkeit lobt (vgl. Lk 16,1-13). Es muss sofort klargestellt werden, dass dieser Verwalter nicht als Vorbild präsentiert wird, dem es zu folgen gelte, sondern als Beispiel für Gerissenheit. Dieser Mann wird der schlechten Verwaltung der Geschäfte seines Herrn beschuldigt, und bevor er entlassen wird, versucht er klug, das Wohlwollen der Schuldner zu gewinnen, indem er ihnen einen Teil der Schuld erlässt, um sich so eine Zukunft zu sichern. Dieses Verhalten kommentierend merkt Jesus an: »Die Kinder dieser Welt sind im Umgang mit ihresgleichen klüger als die Kinder des Lichtes« (V. 8).

Angelus am 18. September 2016

ERNST UND VOLL FREUDE

Wir sind aufgerufen, einer [...] weltlichen Klugheit mit der christlichen Klugheit zu entgegnen, die ein Geschenk des Heiligen Geistes ist. Es geht darum, vom Geist und den Werten der Welt Abstand zu nehmen, die dem Teufel so sehr gefallen, um nach dem Evangelium zu leben. Und die Weltlichkeit – wie zeigt sie sich? Die Weltlichkeit zeigt sich in Haltungen der Korruption, der Täuschung, der Unterdrückung. Sie ist ein denkbar falscher Weg, der Weg der Sünde, bei dem das eine zum andern führt! Es ist wie eine Kette, auch wenn es [...] der Weg ist, der im Allgemeinen am bequemsten ist. Der Geist des Evangeliums hingegen fordert einen ernsten Lebensstil – ernst, aber voll Freude! –, einen ernsten und engagierten Lebensstil, geprägt von Ehrlichkeit, Redlichkeit, Achtung vor den anderen und deren Würde.

Angelus am 18. September 2016

SEPTEMBER Dienstag

24

Rupert und Virgil von Salzburg, Gerhard Sagredo, Hermann der Lahme

DEN RICHTIGEN WEG FINDEN

Der Lebensweg bringt notwendigerweise eine Entscheidung zwischen zwei Wegen mit sich: zwischen Ehrlichkeit und Unehrlichkeit, zwischen Treue und Untreue, zwischen Egoismus und Altruismus, zwischen Gut und Böse. Man kann nicht zwischen dem einen und dem anderen hin- und herschwanken, da sie sich entsprechend unterschiedlicher und widersprüchlicher Logiken bewegen. Der Prophet Elija sagte zum Volk Israel, das auf diesen beiden Wegen ging: »Ihr hinkt auf zwei Füßen« (vgl. 1 Kön 18,21: »Wie lange noch schwankt ihr nach zwei Seiten?«). Das ist ein schönes Bild. Es ist wichtig zu entscheiden, welche Richtung man einschlagen soll, und dann, hat man erst einmal den richtigen Weg gewählt, schwungvoll und entschlossen voranzugehen und sich der Gnade des Herrn und dem Beistand seines Geistes anzuvertrauen.

Angelus am 18. September 2016

Mittwoch

SEPTEMBER

25

Nikolaus von Flüe (Bruder Klaus),
Gottfried Thelen

GEFAHREN ERKENNEN

Stark und kategorisch lautet der Schluss des Abschnitts aus dem Evangelium: »Kein Sklave kann zwei Herren dienen; er wird entweder den einen hassen und den andern lieben, oder er wird zu dem einen halten und den andern verachten« (Lk 16,13). Mit dieser Lehre ermahnt uns Jesus heute, eine klare Entscheidung zwischen ihm und dem Geist der Welt zu treffen, zwischen der Logik der Korruption, der Unterdrückung und der Habgier und jener der Rechtschaffenheit, der Milde und des gemeinsamen Teilens. Es gibt Menschen, die mit der Korruption wie mit Drogen umgehen: Sie glauben, sie benutzen und damit aufhören zu können, wann sie wollen.

Angelus am 18. September 2016

Kosmas und Damian, Kaspar Stanggassinger, Eugenia von Odilienburg

BANKLEUTE DER GERECHTIGKEIT WERDEN

Es fängt ganz klein an: ein Bakschisch hier, ein Schmiergeld da ... Und zwischen dem einen und dem anderen geht man langsam seiner Freiheit verlustig. Auch die Korruption verursacht Abhängigkeit, und sie bringt Armut, Ausbeutung, Leid hervor. Wie viele Opfer gibt es heute auf der Welt! Wie viele Opfer dieser weitverbreiteten Korruption. Wenn wir dagegen versuchen, der dem Evangelium entsprechenden Logik der Unbescholtenheit, der Klarheit in den Absichten und Verhaltensweisen, der Brüderlichkeit zu folgen, werden wir zu Bauleuten der Gerechtigkeit und öffnen Horizonte der Hoffnung für die Menschheit. In der Unentgeltlichkeit und in der Hingabe unserer selbst an die Brüder und Schwestern dienen wir dem wahren Herrn: Gott.

Angelus am 18. September 2016

Vinzenz von Paul, Hiltrud von Lissies,
Dietrich I. von Naumburg

DIE HOFFNUNG ERHÄLT DAS LEBEN AUFRECHT

Die Redensart »Solange es Leben gibt, gibt es Hoffnung« ist nicht wahr. Eher ist das Gegenteil der Fall: Die Hoffnung erhält das Leben aufrecht, schützt es, bewahrt es und lässt es wachsen. Wenn die Menschen nicht die Hoffnung gehegt hätten, wenn sie sich nicht auf diese Tugend gestützt hätten, dann wären sie nie aus den Höhlen herausgekommen und hätten in der Geschichte der Welt keine Spur hinterlassen. Sie ist das Göttlichste, was im Herzen des Menschen existieren kann.

Generalaudienz am 27. September 2017

SEPTEMBER

Samstag

28 Lioba von Tauberbischofsheim, Wenzeslaus (Wenzel)

VOM HERZEN AUS LEBEN

Die Hoffnung ist der Antrieb im Herzen aller, die aufbrechen und ihr Zuhause, das Land, manchmal auch Angehörige und Verwandte zurücklassen – ich denke an die Migranten –, um sich auf die Suche nach einem besseren Leben zu machen, das menschenwürdiger ist für sie selbst und für ihre Angehörigen. Und sie ist auch der Antrieb im Herzen derer, die andere aufnehmen: der Wunsch, einander zu begegnen, einander kennenzulernen, miteinander zu sprechen ...

Generalaudienz am 27. September 2017

Sonntag

26. SONNTAG IM JAHRESKREIS
Erzengel Michael, Gabriel und Rafael,
Johannes von Dukla (Jan)

29

SEPTEMBER

HOFFNUNG TEILEN

Die Hoffnung ist der Antrieb, »gemeinsam unterwegs zu sein«, denn unterwegs ist man zu zweit: jene, die in unser Land kommen, und wir, die wir uns ihrem Herzen nähern, um sie zu verstehen, um ihre Kultur, ihre Sprache zu verstehen. Es ist eine Reise zu zweit, aber ohne Hoffnung kann man diese Reise nicht machen. Die Hoffnung ist der Antrieb, gemeinsam unterwegs zu sein, wie uns die Kampagne der Caritas in Erinnerung ruft, die wir heute eröffnen. Brüder und Schwestern, wir dürfen keine Angst haben, gemeinsam unterwegs zu sein. Wir dürfen keine Angst haben! Wir dürfen keine Angst haben, die Hoffnung miteinander zu teilen!

Generalaudienz am 27. September 2017

SEPTEMBER

Montag

30 Hieronymus, Sophia von Mailand, Urs und Viktor von Solothurn

LIEBE IST EIN GESCHENK

Und eine schlimme Knechtschaft, in die wir geraten können, ist die Meinung, dass die Liebe verdient werden muss. Vielleicht kommt ein großer Teil der Angst des Menschen unserer Zeit daher: zu glauben, dass, wenn wir nicht stark, attraktiv und schön sind, niemand sich um uns kümmern wird. Viele Menschen suchen heute eine Sichtbarkeit, nur um eine innere Leere zu füllen: So als wären wir Menschen, die ewig der Bestätigung bedürfen. Könnt ihr euch jedoch eine Welt vorstellen, in der alle darum betteln, die Aufmerksamkeit anderer zu wecken, und niemand hingegen bereit ist, einen anderen Menschen ungeschuldet zu lieben?

Generalaudienz am 14: Juni 2017

VERSUCHUNGEN ABWEHREN

Eine leere Seele zu haben ist das schlimmste Hindernis für die Hoffnung. Es ist eine Gefahr, aus der niemand sich als ausgeschlossen betrachten kann; denn man kann auch dann gegen die Hoffnung versucht werden, wenn man den Weg des christlichen Lebens beschreitet. Die Mönche der frühen Kirche haben einen der schlimmsten Feinde des Eifers angeklagt. Sie sagten es so: jener »Mittagsdämon«, der sich in ein emsiges Leben einschleicht, gerade wenn die Sonne hoch am Himmel brennt. Diese Versuchung überrascht uns dann, wenn wir es am wenigsten erwarten: Die Tage werden monoton und langweilig, kein Wert scheint mehr die Mühe zu lohnen. Diese Haltung nennt sich »Akedia«: Sie höhlt das Leben von innen aus und lässt es am Ende als leere Hülle zurück.

Generalaudienz am 27. September 2017

Hll. Schutzengel, Petrus,
Hermann und Jakob von Neuzelle

GNADE EMPFANGEN

Gott hat uns für die Freude und die Glückseligkeit erschaffen und nicht dafür, uns in melancholische Gedanken zurückzuziehen. Daher ist es wichtig, über das eigene Herz zu wachen und uns den Versuchungen des Unglücklichseins zu widersetzen, die sicher nicht von Gott kommen. Und dort, wo unsere Kräfte schwach und der Kampf gegen die Furcht besonders hart erscheinen mag, können wir stets den Namen Jesu anrufen. Wir können jenes einfache Gebet wiederholen, von dem wir eine Spur in den Evangelien finden und das der Angelpunkt vieler christlicher spiritueller Traditionen geworden ist: »Herr Jesus Christus, Sohn des lebendigen Gottes, sei mir Sünder gnädig.«

Generalaudienz am 27. September 2017

Donnerstag

TAG DER DEUTSCHEN EINHEIT
Irmgard von Baindt, Ewald,
Utto von Metten (Udo)

03 OKTOBER

HOFFNUNGSVOLL LEBEN

Ein schönes Gebet. »Herr Jesus Christus, Sohn des lebendigen Gottes, sei mir Sünder gnädig.« Das ist ein Gebet der Hoffnung, denn ich wende mich an ihn, der die Türen weit öffnen und das Problem lösen und mich den Horizont schauen lassen kann, den Horizont der Hoffnung. Brüder und Schwestern, wir sind nicht allein im Kampf gegen die Verzweiflung. Wenn Jesus die Welt überwunden hat, dann ist er fähig, in uns alles zu überwinden, was sich dem Guten widersetzt. Wenn Gott mit uns ist, dann wird niemand uns jene Tugend rauben, die wir unbedingt brauchen, um zu leben. Niemand wird uns die Hoffnung rauben. Gehen wir voran!

Generalaudienz am 27. September 2017

Freitag

OKTOBER

04

Franziskus von Assisi (Franz),
Franz Xaver Seelos

DAS GESCHENK DER FREUDE

Der Herr will keine Männer und Frauen, die widerwillig hinter ihm hergehen, ohne im Herzen den Wind der Freude zu haben. Ich frage euch, die ihr auf dem Petersplatz seid – jeder möge sich selbst antworten –, habt ihr den Wind der Freude im Herzen? Jeder möge sich fragen: »Habe ich in mir, im Herzen, den Wind der Freude?« Jesus will Menschen, die erfahren haben, dass bei ihm zu sein eine unermessliche Freude schenkt, die jeden Tag des Lebens erneuert werden kann.

Generalaudienz am 30. August 2017

MIT DEN AUGEN DER FREUDE

Ein Jünger des Reiches Gottes, der nicht voll Freude ist, evangelisiert diese Welt nicht, er ist ein trauriger Mensch. Man wird nicht zu Verkündigern Jesu, indem man die Waffen der Rhetorik schärft: Du kannst reden, reden, reden aber wenn nichts anderes da ist … Wie wird man zu Verkündigern Jesu? Indem man in den Augen den Glanz der wahren Glückseligkeit bewahrt. Wir sehen viele Christen, auch unter uns, die mit den Augen die Freude des Glaubens weitergeben: mit den Augen!

Generalaudienz am 30. August 2017

Sonntag

OKTOBER

06

27. SONNTAG IM JAHRESKREIS, ERNTEDANK
Bruno der Kartäuser,
Isaak und Jakob, Renatus (René)

GESTÄRKT DURCH DEN GLAUBEN

Der heutige Abschnitt aus dem Evangelium beginnt so: »In jener Zeit baten die Apostel den Herrn: Stärke unseren Glauben!« (Lk 17,5). Mir scheint, dass wir alle uns diese Anrufung zu eigen machen können. Auch wir sagen wie die Apostel zu Jesus, dem Herrn: »Stärke unseren Glauben!« Ja, Herr, unser Glaube ist klein, unser Glaube ist schwach, zerbrechlich, doch wir bieten ihn dir so dar, wie er ist, damit du ihn wachsen lassen mögest. Haltet ihr es für gut, wenn wir alle gemeinsam wiederholen: »Herr, stärke unseren Glauben!«?

Angelus am 06. Oktober 2013

DEN GLAUBEN WACHSEN LASSEN

Herr, stärke unseren Glauben!« Er lasse ihn in uns wachsen! Und was erwidert der Herr? Er erwidert: »Wenn euer Glaube auch nur so groß wäre wie ein Senfkorn, würdet ihr zu dem Maulbeerbaum hier sagen: Heb dich samt deinen Wurzeln aus dem Boden, und verpflanz dich ins Meer!, und er würde euch gehorchen« (Lk 17,6). Das Senfkorn ist sehr klein, doch Jesus sagt, es reicht, einen solchen kleinen, aber wahren, aufrichtigen Glauben zu haben, um menschlich Unmögliches, Undenkbares zu tun. Und das ist wahr! Wir alle kennen einfache, bescheidene Menschen, die aber einen sehr starken Glauben haben, die wirklich Berge versetzen!

Angelus am 6. Oktober 2013

Dienstag

OKTOBER

08 Gunther von Regensburg,
Demetrius von Saloniki (Dimitri)

BESCHEIDENHEIT LEBEN

Gerade aufgrund ihres Glaubens rühmen sich [die einfachen und bescheidenen Menschen mit einem starken Glauben] nicht dessen, was sie tun, im Gegenteil, wie Jesus dies im Evangelium fordert, sagen sie: »Wir sind unnütze Sklaven; wir haben nur unsere Schuldigkeit getan« (Lk 17,10). Wie viele unter uns haben diesen starken, bescheidenen Glauben, der so guttut!

Angelus am 6. Oktober 2013

ZEUGNIS GEBEN

In diesem Monat Oktober, der besonders den Missionen gewidmet ist, denke wir an die vielen Missionare, Männer und Frauen, die Hindernisse aller Art überwurden haben, um das Evangelium zu bringen, die wahrhaft ihr Leben hingegeben haben; wie der hl. Paulus zu Timotheus sagt: »Schäme dich also nicht, dich zu unserem Herrn zu bekennen; schäme dich auch meiner nicht, der ich seinetwegen im Gefängnis bin, sondern leide mit mir für das Evangelium« (2 Tim 1,8). Das aber betrifft alle: Ein jeder von uns kann in seinem täglichen Leben Zeugnis für Christus geben, mit der Kraft Gottes, der Kraft des Glaubens. Der so kleine Glaube, den wir haben, der aber stark ist! Mit dieser Kraft Zeugnis geben für Jesus Christus, Christen mit dem Leben sein, mit unserem Zeugnis!

Angelus am 6. Oktober 2013

Donnerstag

OKTOBER

10

Gereon von Köln, Viktor von Xanten,
Sybille von Gages

ROSENKRANZINSPIRATION

Wir schöpfen [unsere Kraft] aus Gott im Gebet. Das Gebet ist der Atem des Glaubens: In einer Beziehung des Vertrauens, in einer Beziehung der Liebe darf der Dialog nicht fehlen, und das Gebet ist der Dialog der Seelen mit Gott. Oktober ist auch der Rosenkranzmonat, und an diesem ersten Sonntag ist es Tradition, das Bittgebet zur Gottesmutter von Pompeij zu erheben, Unserer Lieben Frau vom Rosenkranz. Wir schließen uns geistlich diesem Akt des Vertrauens in unsere Mutter an, und wir wollen aus ihren Händen den Rosenkranz entgegennehmen: Der Rosenkranz ist eine Schule des Gebets, der Rosenkranz ist eine Schule des Glaubens!

Angelus am 6. Oktober 2013

Freitag

Johannes XXIII., Bruno I. von Köln,
Jakob Griesinger

11

OKTOBER

VON DER HOFFNUNG LEBEN

Ich lege euch ans Herz: Hören wir nicht auf enttäuschte und unglückliche Menschen; hören wir nicht auf jene, die zynisch raten, keine Hoffnung im Leben zu hegen; vertrauen wir jenen nicht, die jede Begeisterung im Keim ersticken, indem sie sagen, dass keine Unternehmung das Opfer eines ganzen Lebens wert ist; hören wir nicht auf die, die »alt« sind im Herzen und die die jugendliche Euphorie auslöschen. Gehen wir zu den alten Menschen, die vor Hoffnung glänzende Augen haben!

Generalaudienz am 30. August 2017

Samstag

OKTOBER

12

Maximilian von Pongau,
Edwin, Jakob Rem

TRÄUMEN MIT GOTT

Hegen wir [...] gesunde Utopien: Gott will, dass wir in der Lage sind, wie er und mit ihm zu träumen, während wir unterwegs gut auf die Wirklichkeit achtgeben. Träumen wir von einer anderen Welt. Und wenn ein Traum verlischt, müssen wir ihn erneut träumen, indem wir mit Hoffnung aus der Erinnerung der Anfänge schöpfen, aus jener Glut, die – vielleicht nach einem nicht ganz so guten Leben – unter der Asche unserer ersten Begegnung mit Jesus verborgen ist.

Generalaudienz am 30. August 2017

UNSERE LIEBE BEKENNEN

Das christliche Leben ist eine Liebesgeschichte mit Gott, in der der Herr grundlos die Initiative ergreift und sich niemand von uns mit der Ausschließlichkeit der Einladung rühmen kann: Niemand wird vor den anderen bevorzugt, aber vor Gott ist jeder bevorzugt. Aus dieser grundlosen, zärtlichen und bevorzugten Liebe ersteht immer wieder neu das christliche Leben. Wir können uns fragen, ob wir wenigstens einmal am Tag dem Herrn unsere Liebe zu ihm bekennen; ob wir uns unter den vielen Worten erinnern, ihm jeden Tag zu sagen: »Ich liebe dich Herr. Du bist mein Leben.«

Predigt in der hl. Messe und Heiligsprechung am 15. Oktober 2017

Montag

OKTOBER

14

Kallistus I., Burkhard von Würzburg, Alan von Auxerre

BELEBEN WIR DIE ERINNERUNG

Wenn man [...] die Liebe verliert, wird das christliche Leben steril, es wird zu einem seelenlosen Körper, zu einer unmöglichen Moral, zu einer Gesamtheit von Prinzipien und Gesetzen, die man ohne ein Warum unter einen Hut bringen muss. Stattdessen erwartet der Gott des Lebens eine Antwort des Lebens, der Herr der Liebe erwartet eine Antwort der Liebe. Wenn er sich im Buch der Offenbarung des Johannes an eine Gemeinde wendet, spricht er einen scharfen Vorwurf aus, nämlich »dass du deine erste Liebe verlassen hast« (2,4). Hier ist die Gefahr: ein routinemäßiges christliches Leben, in dem man sich mit »Normalität« begnügt, ohne Elan, ohne Enthusiasmus und mit kurzem Gedächtnis. Beleben wir die Erinnerung unserer ersten Liebe neu.

Predigt in der hl. Messe und Heiligsprechung am 15. Oktober 2017

Dienstag

Teresa von Ávila (von Jesus),
Aurelia von Regensburg, Willa von Salzburg

15 OKTOBER

NICHT IM HERZEN ALTERN

Man kann es sich auf den Sesseln der Gewinne, der Genüsse, eines Hobbys, das uns etwas fröhlich sein lässt, bequem machen, aber so altert man früh und schlecht, weil man im Inneren altert: Wenn das Herz sich nicht weitet, verschließt es sich. Und wenn alles vom Ich abhängt – von dem, was mir passt, von dem, was ich brauche, von dem, was ich will –, wird man auch hart und böse, reagiert man wegen Nichtigkeiten auf üble Weise wie die Eingeladenen im Evangelium, die die Überbringer der Einladung beschimpften und sogar umbrachten (vgl. Mt 22,6), nur weil sie ihnen ungelegen waren.

Predigt in der hl. Messe und Heiligsprechung am 15. Oktober 2017

ENTSCHEIDUNGEN TREFFEN

Das Evangelium (Mt 22,1-14) fragt uns also, auf welcher Seite wir stehen: auf der Seite des Ich oder auf der Seite Gottes? Denn Gott ist das Gegenteil des Egoismus, des Selbstbezugs. Er, so sagt uns das Evangelium, schreitet voran; er verschiebt das Fest nicht angesichts der stetigen Absagen, die er erhält, angesichts der Verschlossenheit gegenüber seinen Einladungen. Er gibt nicht auf, sondern lädt weiter ein. Angesichts des »Neins«, schlägt er die Tür nicht zu, sondern bezieht noch mehr Menschen ein. Gott antwortet in Anbetracht des erlittenen Unrechts mit einer größeren Liebe.

Predigt in der hl. Messe und Heiligsprechung am 15. Oktober 2017

Ignatius von Antiochien, Anselm von Wien, Contardo Ferrini

GOTTES TUN ERKENNEN

Wir hegen, wenn wir von ungerechten Behandlungen oder Ablehnungen getroffen werden, oft Unzufriedenheit und Groll. Gott hingegen leidet wegen unseres »Neins« und fährt doch fort, immer wieder die Initiative zu ergreifen, er stellt weiter das Gute auch demjenigen bereit, der Böses tut. Denn so macht es die Liebe; denn nur so besiegt man das Böse.

Predigt in der hl. Messe und Heiligsprechung am 15. Oktober 2017

DIE LIEBE RUFT UNS

Stellt euch eine [...] Welt vor: eine Welt ohne ungeschuldete Liebe! Es scheint eine menschliche Welt zu sein, aber in Wirklichkeit ist es eine Hölle. Viele Formen des menschlichen Narzissmus entstehen aus einem Gefühl der Einsamkeit und der Verwaistheit. Hinter vielen scheinbar unerklärlichen Verhaltensweisen verbirgt sich eine Frage: Ist es möglich, dass ich es nicht verdient habe, beim Namen gerufen, also geliebt zu werden? Denn die Liebe ruft immer beim Namen ... Wenn es ein Jugendlicher ist, der nicht geliebt wird oder sich ungeliebt fühlt, dann kann Gewalt entstehen.

Generalaudienz am 14. Juni 2017

Samstag

Paul vom Kreuz,
Jean de Brébeuf (Johannes)

19 OKTOBER

ÖFFNET DIE TÜREN EURER HERZEN

Was kann uns glücklich machen, wenn nicht die Erfahrung der geschenkten und empfangenen Liebe? Das Leben des Menschen ist ein Austausch von Blicken: Jemand schaut uns an und entreißt uns ein erstes Lächeln, und wir lächeln unentgeltlich jemanden an, der in der Traurigkeit verschlossen ist, und so öffnen wir ihm einen Ausweg. Austausch von Blicken: in die Augen schauen, und es öffnen sich die Türen des Herzens.

Generalaudienz am 14. Juni 2017

Sonntag

OKTOBER

20

29. SONNTAG IM JAHRESKREIS
Wendelin, Cornelius,
Vitalis von Salzburg

BETET ZU JEDER ZEIT

Im heutigen Evangelium [LK18,1-8] erzählt Jesus ein Gleichnis über die Notwendigkeit, allezeit zu beten und darin nicht nachzulassen. Die Hauptperson ist eine Witwe, der es dadurch, dass sie einen unehrlichen Richter immer wieder bittet, gelingt, sich von ihm zu ihrem Recht verhelfen zu lassen. Und Jesus schließt: Wenn es der Witwe gelungen ist, jenen Richter zu überzeugen, sollte Gott uns nicht anhören, wenn wir beharrlich zu ihm beten? Der Ausdruck Jesu ist sehr stark: »Sollte Gott seinen Auserwählten, die Tag und Nacht zu ihm schreien, nicht zu ihrem Recht verhelfen?« (Lk 18,7).

Angelus am 20. Oktober 2013

MIT LIEBE KENNEN

»Tag und Nacht zu Gott schreien«! Dieses Bild des Betens beeindruckt uns. Doch fragen wir uns: Warum will Gott das? Kennt er nicht schon unsere Bedürfnisse? Welchen Sinn hat es, bei Gott »nicht nachzulassen«? Das ist eine gute Frage, die uns einen sehr wichtigen Aspekt des Glaubens vertiefen lässt: Gott lädt uns nicht zum beharrlichen Gebet ein, weil er nicht weiß, wessen wir bedürfen, oder weil er uns nicht zuhört. Im Gegenteil, er hört immer und kennt uns alle, mit Liebe. Auf unserem täglichen Weg, besonders in den Schwierigkeiten, beim Kampf gegen das Böse in uns und um uns ist der Herr nicht fern, er steht an unserer Seite.

Angelus am 20. Oktober 2013

Dienstag

OKTOBER

22

Johannes Paul II., Kordula, Ingbert, Salome von Galiläa

AUF DEM WEG DES LEBENS BLEIBEN

Wir kämpfen zusammen mit ihm, der neben uns ist, und unsere Waffe ist gerade das Gebet, das uns seine Gegenwart neben uns, sein Erbarmen, auch seine Hilfe verspüren lässt. Doch der Kampf gegen das Böse ist hart und lang, er fordert Geduld und Widerstandskraft – wie Mose, der seine Hand erhoben halten musste, um sein Volk siegen zu lassen (vgl. Ex 17,8-13). So ist es: Es ist ein Kampf, den es jeden Tag auszutragen gilt; doch Gott ist unser Verbündeter, der Glaube an ihn ist unsere Kraft, und das Gebet ist Ausdruck dieses Glaubens. Deshalb versichert uns Jesus des Sieges, aber am Schluss fragt er sich: »Wird […] der Menschensohn, wenn er kommt, auf der Erde noch Glauben vorfinden?« (Lk 18,8). Wenn der Glaube erlischt, erlischt das Gebet, und wir gehen im Dunkeln, wir verlieren uns auf dem Weg des Lebens.

Angelus am 20. Oktober 2013

IMMER BETEN

Lernen wir also von der Witwe des Evangeliums [Lk 18,1-8], immer zu beten, ohne müde zu werden. Sie war tüchtig, diese Witwe! Sie verstand es, für ihre Kinder zu kämpfen! Und ich denke an die vielen Frauen, die für ihre Familie kämpfen, die beten, die nie ermüden. Ein Gedenken heute, von uns allen, an diese Frauen, die uns mit ihrer Haltung ein wahres Zeugnis des Glaubens, des Mutes, ein Vorbild des Betens geben. Gedenken wir ihrer! Immer beten, nicht aber, um den Herrn kraft der Worte zu überzeugen! Er weiß besser als wir, was wir brauchen! Vielmehr ist das beharrliche Gebet Ausdruck des Glaubens an einen Gott, der uns ruft, mit ihm zu kämpfen, alle Tage, jeden Augenblick, um das Böse durch das Gute zu besiegen.

Angelus am 20. Oktober 2013

Donnerstag

OKTOBER

24

Antonius Maria Claret,
Evergisilus von Köln, Luigi

GOTT LIEBT ALS ERSTER

Der erste Schritt, den Gott auf uns zumacht, ist der einer vorausgehenden und bedingungslosen Liebe. Gott liebt als Erster. Gott liebt uns nicht, weil es in uns einen Grund gibt, der Liebe erweckt. Gott liebt uns, weil er selbst die Liebe ist, und die Liebe neigt von ihrem Wesen her dazu, sich zu verbreiten, sich hinzuzuschenken. Gott verbindet sein Wohlwollen nicht einmal mit unserer Umkehr: Diese ist allenfalls eine Folge der Liebe Gottes.

Generalaudienz am 14. Juni 2017

Freitag

Ludwig III. von Arnstein, Chrysanth und Daria,
Margareta von Roskilde

25 OKTOBER

VON GOTTES LIEBE LEBEN

Der heilige Paulus sagt [es] auf vollkommene Weise: Gott zeigt seine Liebe zu uns darin, dass »Christus schon zu der Zeit, da wir noch schwach und gottlos waren, für uns gestorben ist« (vgl. Röm 5,8). Da wir noch schwach und gottlos waren. Eine bedingungslose Liebe. Wir waren »fern« wie der verlorene Sohn aus dem Gleichnis: »Der Vater sah ihn schon von Weitem kommen und er hatte Mitleid mit ihm ...« (Lk 15,20). Aus Liebe zu uns hat Gott seinen Auszug aus sich selbst vollbracht, um uns zu begegnen in diesem Ödland, in dem es undenkbar schien, dass er vorübergehen sollte.

Generalaudienz am 14. Juni 2017

Samstag

OKTOBER

26

A: NATIONALFEIERTAG
Witta von Büraburg
Amandus von Straßburg

BEGEGNUNG MIT DEM HERRN

Die Eucharistie ist [...] eine Vorausnahme des Sonntags ohne Untergang, des ewigen Lebens beim Herrn. Was können wir auf die Frage antworten: »Warum soll ich am Sonntag zur Messe gehen?« Es ist nicht bloß eine Vorschrift der Kirche in Erfüllung des dritten Gebots »Du sollst den Tag des Herrn heiligen«. Die Sonntagsmesse ist für uns Begegnung mit dem Herrn und unerschöpfliche Quelle, um mit seiner Gnade das Evangelium zu leben und so glaubwürdige Zeugen seiner Liebe zu sein.

Generalaudienz am 13. Dezember 2017

IN EWIGKEIT DENKEN

»Wer von diesem Brot isst, wird in Ewigkeit leben« (Joh 6,51). Diese Worte verweisen auf das Kreuzesopfer Christi. Er hat den Tod angenommen, um die Menschen zu retten, die der Vater ihm gegeben hat und die dem Tod verfallen waren in der Sklaverei der Sünde. Jesus ist unser Bruder geworden und hat unser Schicksal bis zum Tod mit uns geteilt; durch seine Liebe hat er das Joch des Todes zerbrochen und uns die Türen des Lebens geöffnet. Wenn wir uns von seinem Leib und seinem Blut nähren, vereinen wir uns mit seiner treuen Liebe, die in sich die Hoffnung birgt, dass das Gute über das Böse, über das Leid und den Tod triumphieren wird. Kraft dieses göttlichen Bandes der Liebe Christi wissen wir, dass die Gemeinschaft mit den Verstorbenen nicht nur Wunsch oder Einbildung bleibt, sondern wirklich wird.

Predigt in der Papstmesse für die im Laufe des Jahres verstorbenen Kardinäle und Bischöfe am 3. November 2017

Montag

OKTOBER

28 Apostel Simon und Judas Thaddäus, Alfred der Große

DAS GESCHENK EWIGEN LEBENS

Wir alle sind von Gott geliebte Kinder. Es liegt kein Fluch auf unserem Leben, sondern nur ein wohlwollendes Wort Gottes, der unser Dasein aus dem Nichts gezogen hat. Die Wahrheit hinter allem ist jene Liebesbeziehung, die den Vater mit dem Sohn verbindet durch den Heiligen Geist: eine Beziehung, in die wir aus Gnade hineingenommen sind. In ihm, in Christus Jesus, sind wir gewollt, geliebt, erwünscht. Es gibt jemanden, der uns eine ursprüngliche Schönheit eingeprägt hat, die keine Sünde, keine falsche Entscheidung jemals völlig auslöschen kann. In den Augen Gottes sind wir immer kleine Quellen, aus denen gutes Wasser hervorsprudeln soll. Jesus hat das zur samaritischen Frau gesagt: »Vielmehr wird das Wasser, das ich [dir] gebe, in [dir] zur sprudelnden Quelle werden, deren Wasser ewiges Leben schenkt« (Joh 4,14).

Generalaudienz am 14. Juni 2017

ER LIEBT UNS

Jesus ist nicht für sich selbst gestorben und auferstanden, sondern für uns, damit unsere Sünden vergeben sind. Es ist also die Zeit der Auferstehung für alle: die Zeit, die Armen aus der Entmutigung aufzuheben, vor allem jene, die für sehr viel länger als drei Tage schon im Grab liegen. Hier weht auf unseren Gesichtern ein Wind der Befreiung. Hier keimt das Geschenk der Hoffnung auf. Und die Hoffnung ist die Hoffnung Gottes, des Vaters, der uns so liebt wie wir sind: Er liebt uns immer und alle.

Generalaudienz am 14. Juni 2017

Mittwoch

OKTOBER

30

Thöger von Thüringen (Dietger), Bernhard Schwentner, Marcellus

OFFEN FÜR GOTT

Der Herr schenke uns allen die Hoffnung, heilig zu sein. Aber jemand von euch könnte mich fragen: »Vater, kann man heilig sein im täglichen Leben?« Ja, man kann es. »Aber bedeutet das, dass wir den ganzen Tag beten müssen?« Nein, es bedeutet, dass du den ganzen Tag deine Pflicht tun musst: beten, zur Arbeit gehen, dich um die Kinder kümmern. Aber man muss alles mit einem für Gott offenen Herzen tun, damit die Arbeit, auch in der Krankheit und im Leiden, auch in den Schwierigkeiten, offen ist für Gott. Und so kann man heilig werden. Der Herr schenke uns die Hoffnung, heilig zu sein. Wir dürfen nicht meinen, dass es schwierig sei – dass es leichter sei, Verbrecher zu sein als Heilige! Nein. Man kann heilig sein, weil der Herr uns hilft; er ist es, der uns hilft.

Generalaudienz am 21. Juni 2017

Donnerstag

REFORMATIONSTAG
Wolfgang von Regensburg,
Notburga von Köln, Jutta

31 OKTOBER

DEN WEG ZU CHRISTUS WEISEN

Gerade »die Frage nach Gott«, die Frage: »Wie kriege ich einen gnädigen Gott?« war »die tiefe Leidenschaft und Triebfeder [des] Lebens und [des] ganzen Weges« von Martin Luther (Benedikt XVI., Begegnung mit den Vertretern der evangelischen Kirche in Deutschland, 23. September 2011). Was die Reformatoren beseelte und beunruhigte, war im Grunde der Wunsch, den Weg zu Christus zu weisen. Das muss uns auch heute am Herzen liegen, nachdem wir dank Gottes Hilfe wieder einen gemeinsamen Weg eingeschlagen haben.

Ansprache an die Delegation des Rates der Ev. Kirche in Deutschland am 6. Februar 2017

NOVEMBER

Freitag

01

ALLERHEILIGEN
Arthur O'Nelly, Harald IV.,
Luitpold von Lautbrunn

DAS LICHT GOTTES

Das Hochfest Allerheiligen ist »unser« Fest: nicht weil wir alle so gut wären, sondern weil die Heiligkeit Gottes unser Leben berührt hat. Die Heiligen sind keine perfekten Musterexemplare, sondern von Gott durchdrungene Menschen. Wir können sie mit den Glasfenstern der Kirchen vergleichen, die das Licht in verschiedenen Farbtönen eintreten lassen. Die Heiligen sind unsere Brüder und Schwestern, die das Licht Gottes in ihre Herzen aufgenommen und es der Welt in ihrer jeweils eigenen »Schattierung« weitergegeben haben. Alle aber waren sie transparent, sie haben gekämpft, um die Flecken und die Finsternisse der Sünde wegzunehmen, um so das zarte Licht Gottes durchscheinen zu lassen.

Angelus am 1. November 2017

DAS GLÜCK FINDEN

Wer mit Jesus ist, ist selig, glücklich. Das Glück besteht nicht darin, etwas zu besitzen oder jemand zu werden, nein, das wahre Glück liegt darin, mit dem Herrn zu sein und für die Liebe zu leben. [...] Das wahre Glück besteht nicht darin, etwas zu besitzen oder jemand zu werden; das wahre Glück liegt darin, mit dem Herrn zu sein und für die Liebe zu leben. [...] Wir müssen innere Fortschritte machen, um das zu glauben. Nun, die Zutaten für das glückliche Leben heißen Seligkeiten: Selig sind die Einfachen, die Demütigen, die Gott Raum schenken, die um der anderen und der eigenen Fehler willen weinen können, sanftmütig bleiben, für die Gerechtigkeit kämpfen, gegenüber allen barmherzig sind, die Reinheit des Herzens bewahren, immer für den Frieden wirken und in der Freude bleiben.

Angelus am 1. November 2017

DEN WEG GOTTES GEHEN

Der Abschnitt aus dem Lukasevangelium des heutigen Sonntags [Lk 19,1-10] zeigt uns Jesus, der auf seinem Weg nach Jerusalem in die Stadt Jericho einzieht. Das ist die letzte Etappe einer Reise, die in sich den Sinn des ganzen Lebens Jesu zusammenfasst, das der Suche nach den verlorenen Schafen des Hauses Israels und deren Errettung gewidmet ist. Doch je mehr sich der Weg dem Ziel nähert, desto mehr schließt sich um Jesus ein Kreis der Feindseligkeit. Und dennoch trägt sich in Jericho eines der freudigsten Ereignisse zu, von denen der hl. Lukas berichtet: die Bekehrung des Zachäus.

Angelus am 3. November 2013

Karl Borromäus, Gregor von Burtscheid, Reinhard

JESUS SUCHEN

[Zachäus] ist ein verlorenes Schaf, er wird verachtet und ist ein »Exkommunizierter«, da er ein Zöllner ist, mehr noch, er ist der oberste Zollpächter der Stadt, Freund der verhassten römischen Besatzer, er ist ein Dieb und ein Ausbeuter. Da er wahrscheinlich aufgrund seines schlechten Rufs daran gehindert wird, sich Jesus zu nähern, und weil er von kleiner Statur ist, klettert Zachäus auf einen Baum, um den vorbeigehenden Meister sehen zu können. Diese ein wenig lächerliche äußere Handlung ist jedoch Ausdruck einer inneren Geste des Mannes, der versucht, sich über die Menschenmenge zu erheben, um mit Jesus in Kontakt zu treten. Zachäus selbst weiß nicht um den tiefen Sinn seiner Geste, er weiß nicht, warum er dies tut, doch er tut es.

Angelus am 3. November 2013

Bernhard Lichtenberg, Emmerich von Ungarn (Heinrich), Berthild von Celles

DEN RUF HÖREN

[Zachäus] wagt nicht einmal zu hoffen, dass der Abstand, der ihn vom Herrn trennt, überwunden werden könnte. Er begnügt sich damit, ihn nur vorübergehen zu sehen. Doch als Jesus in die Nähe jenes Baumes gelangt, ruft er ihn beim Namen: »Zachäus, komm schnell herunter! Denn ich muss heute in deinem Haus zu Gast sein« (Lk 19,5). Jener kleinwüchsige, von allen abgelehnte und von Jesus ferne Mensch ist gleichsam in der Anonymität verloren. Doch Jesus ruft ihn, und in der Sprache jener Zeit hat der Name »Zachäus« eine schöne Bedeutung voller Anspielungen: »Zachäus« nämlich heißt »Gott erinnert sich«.

Angelus am 3. November 2013

Leonhard von Noblat, Rudolf von Büren,
Christine von Stommeln

GOTT ERINNERT SICH

Jesus geht in das Haus des Zachäus und erregt damit die Kritik aller Leute von Jericho (denn auch damals wurde viel geschwatzt!), die sagten: Wie bitte? Bei all den anständigen Leuten, die es in der Stadt gibt, kehrt er ausgerechnet bei jenem Zöllner ein? Ja, denn er war verloren; und Jesus sagt: »Heute ist diesem Haus das Heil geschenkt worden, weil auch dieser Mann ein Sohn Abrahams ist« (Lk 19,9). Von jenem Tag an trat in das Haus des Zachäus die Freude ein, es trat der Friede ein, es trat das Heil ein, Jesus trat ein. Es gibt keinen Beruf oder sozialen Stand, es gibt keine Sünde oder kein Verbrechen irgend einer Art, die auch nur eines seiner Kinder aus dem Gedächtnis und dem Herzen Gottes löschen könnten. »Gott erinnert sich«, immer, er vergisst keinen von denen, die er erschaffen hat

Angelus am 3. November 2013

Donnerstag

NOVEMBER 07

Ernst von Neresheim, Engelbert I. von Köln, Karina von Angora

GOTT ERWARTET DICH

Und wenn er jenes auch nur angedeutete und viele Male fast unbewusste Verlangen erkennt, ist er sofort an seiner Seite, und mit seiner Vergebung macht er ihm den Weg der Umkehr und der Heimkehr leichter. Schauen wir auf Zachäus, heute, auf dem Baum: Seine Geste ist eine lächerliche Geste, doch es ist eine Geste des Heils. Und ich sage dir: Wenn etwas dein Gewissen belastet, wenn du dich vieler Dinge schämst, die du getan hast, dann halte ein wenig inne, erschrick nicht. Denk daran, dass dich jemand erwartet, weil er nie aufgehört hat, sich an dich zu erinnern; und dieser Jemand ist dein Vater, es ist Gott, der dich erwartet!

Angelus am 3. November 2013

Gregor von Einsiedeln, Gottfried von Amiens, Johannes Duns Skotus

EIN GESCHENK DER LIEBE

Klettere hinauf, wie es Zachäus getan hat; steig auf den Baum des Verlangens, Vergebung zu erhalten; ich versichere dir, dass du nicht enttäuscht werden wirst. Jesus ist barmherzig und wird nie müde zu vergeben! Behalte das gut im Gedächtnis, so ist Jesus. Brüder und Schwestern, lassen auch wir uns von Jesus beim Namen rufen! In der Tiefe des Herzens wollen wir seine Stimme hören, die sagt: »Heute muss ich in deinem Haus zu Gast sein«, das heißt in deinem Herzen, in deinem Leben. Und nehmen wir ihn voll Freude auf: Er kann uns verändern, er kann unser Herz aus Stein in ein Herz aus Fleisch verwandeln, er kann uns vom Egoismus befreien und aus unserem Leben ein Geschenk der Liebe machen. Jesus kann es tun; lass dich von Jesus anblicken!

Angelus am 3. November 2013

DIE REALITÄT SEHEN

Andere Zivilisationen vor uns hatten den Mut, [dem Tod] ins Gesicht zu schauen. Es war ein Geschehen, von dem die alten Menschen den neuen Generationen berichteten als unvermeidliche Wirklichkeit, die den Menschen zwang, für etwas Absolutes zu leben. In Psalm 90 heißt es: »Unsere Tage zu zählen lehre uns! Dann gewinnen wir ein weises Herz« (V. 12). Die eigenen Tage zu zählen macht das Herz weise! Diese Worte führen uns zu einem gesunden Realitätssinn und vertreiben den Wahn der Allmacht.

Generalaudienz am 18. Oktober 2017

DAS EWIGE LEBEN

Im Evangelium (Lk 20,27-38) zeigt uns Jesus, wie er es mit den Sadduzäern zu tun hat, die die Auferstehung leugneten. Und gerade zu diesem Thema stellen sie Jesus eine Frage, um ihn in Verlegenheit zu bringen und den Glauben an die Auferstehung der Toten ins Lächerliche zu ziehen. Sie gehen von einem fiktiven Fall aus: »Eine Frau hat sieben Ehemänner gehabt, von denen einer nach dem anderen gestorben ist«, und sie fragen Jesus: »Wessen Frau wird sie nach ihrem Tod sein?« Jesus, der immer mild und geduldig ist, antwortet zunächst, dass das Leben nach dem Tod nicht nach denselben Größen wie das irdische zu bemessen sei. […] Die Auferstandenen – sagt Jesus – werden den Engeln gleich sein, und sie werden in einem anderen Zustand leben, den wir jetzt weder erfahren noch uns vorstellen können.

Angelus am 10. November 2013

STÄRKER ALS DER TOD

Dann aber geht Jesus sozusagen zum Gegenangriff über. [Lk 20,34] Und er tut dies, indem er die Heilige Schrift zitiert mit einer Einfachheit und Originalität, die uns mit Bewunderung für unseren Meister erfüllen, den einzigen Meister! Den Beweis für die Auferstehung findet Jesus in der Geschichte von Mose und dem brennenden Dornbusch (vgl. Ex 3,1-6), als sich Gott als der Gott Abrahams, Isaaks und Jakobs offenbart. Der Name Gottes ist an die Namen der Männer und Frauen gebunden, an die er sich bindet, und dieses Band ist stärker als der Tod. Und wir können auch von der Beziehung Gottes zu uns, zu einem jeden von uns, sagen: Er ist unser Gott! Er ist der Gott eines jeden von uns! Als trage er unseren Namen.

Angelus am 10. November 2013

Josaphat Kunzewitsch, René,
Ämilian von Cogolla (Emil)

GOTT SCHENKT DAS EWIGE LEBEN

[…] Jesus erklärt: »Er ist doch kein Gott von Toten, sondern von Lebenden; denn für ihn sind alle lebendig« (Lk 20,38). Und das ist das entscheidende Band, der grundlegende Bund, der Bund mit Jesus: Er selbst ist der Bund, er selbst ist das Leben und die Auferstehung, da er mit seiner gekreuzigten Liebe den Tod besiegt hat. In Jesus schenkt uns Gott das ewige Leben, er schenkt es allen, und alle haben durch ihn die Hoffnung auf ein noch wahreres Leben als dieses. Das Leben, das Gott für uns vorbereitet, ist keine einfache Verschönerung dieses aktuellen Lebens: Es übersteigt unsere Vorstellungskraft, weil Gott uns fortwährend mit seiner Liebe und mit seinem Erbarmen in Erstaunen versetzt. Daher ist das, was geschehen wird, das Gegenteil von dem, was die Sadduzzäer erwarteten.

Angelus am 10. November 2013

NOVEMBER

Mittwoch

13

Stanislaus Kostka, Carl Lampert,
Wilhelm von Niederaltaich

LEBEN IN FÜLLE

Nicht dieses Leben ist Bezugspunkt für die Ewigkeit, für das andere Leben, für jenes, das uns erwartet, sondern die Ewigkeit – jenes Leben – erleuchtet und schenkt dem irdischen Leben von uns allen Hoffnung! Wenn wir nur mit menschlichen Augen blicken, neigen wir dazu zu sagen, dass der Weg des Menschen vom Leben zum Tod führt. Das ist es, was man sieht! Doch so ist es nur, wenn wir es mit menschlichen Augen betrachten.
Jesus kehrt diese Perspektive um und erklärt, dass unsere Pilgerreise vom Tod zum Leben führt: zum Leben in Fülle! Wir sind unterwegs, auf einer Pilgerreise zum Leben in Fülle, und jenes Leben in Fülle ist das Leben, das uns auf unserem Weg erleuchtet! Somit ist der Tod hinter uns, hinter unserem Rücken, nicht vor uns.

Angelus am 10. November 2013

VOM LEBEN KOSTEN

Vor uns ist der Gott der Lebenden, der Gott des Bundes, der Gott, der meinen Namen trägt, unseren Namen, wie er gesagt hat: »Ich bin der Gott Abrahams, Isaaks und Jakobs«, auch der Gott mit meinem Namen, mit deinem Namen, mit deinem Namen ..., mit unserem Namen. Der Gott der Lebenden! Vor uns liegt die endgültige Niederlage der Sünde und des Todes, der Anfang einer neuen Zeit der Freude und des Lichts ohne Ende. Doch bereits auf dieser Erde begegnen wir Jesus und seiner Liebe im Gebet, in den Sakramenten, in der Brüderlichkeit, und so können wir im Vorhinein etwas vom auferstandenen Leben verkosten. Die Erfahrung, die wir von seiner Liebe und von seiner Treue machen, entflammt wie ein Feuer unser Herz und vermehrt unseren Glauben an die Auferstehung.

Angelus am 10. November 2013

WOFÜR WIR LEBEN

Was sind wir? Wir sind »vergänglich«, fast ein Nichts, heißt es in einem anderen Psalm (89,48). Unsere Tage gehen rasch vorbei: Selbst wenn wir 100 Jahre leben, erscheint uns am Ende alles nur wie ein Hauch. Oft habe ich alte Menschen sagen gehört: »Mein Leben ist wie im Flug vergangen ...« So legt der Tod unser Leben völlig blank. Er lässt uns entdecken, dass all unser Stolz, unser Zorn, unser Hass Nichtigkeit waren: reine Nichtigkeit. Wir merken mit Bedauern, dass wir nicht genug geliebt und nicht nach dem Wesentlichen gesucht haben. Und wir sehen im Gegensatz dazu das wirklich Gute, das wir gesät haben: die liebevollen Beziehungen, für die wir uns aufgeopfert haben und die uns jetzt an der Hand fassen.

Generalaudienz am 18. Oktober 2017

UNSEREN BRUDER ERKENNEN

Jesus hat das Geheimnis unseres Todes erleuchtet. Mit seinem Verhalten gestattet er uns zu trauern, wenn ein geliebter Mensch uns verlässt. Er war »im Innersten erregt und erschüttert« vor dem Grab seines Freundes Lazarus und »weinte« (Joh 11,35). Wir spüren, dass Jesus uns durch diese Haltung sehr nahe ist, dass er unser Bruder ist. Er weinte um seinen Freund Lazarus. Und daher betet Jesus zum Vater, dem Quell des Lebens, und gebietet Lazarus, aus dem Grab herauszukommen. Und so geschieht es.

Generalaudienz am 18. Oktober 2017

NOVEMBER

Sonntag

17

33. SONNTAG IM JK., VOLKSTRAUERTAG
Gertrud von Helfta, Hilda von Whitby, Viktoria von Córdoba

ZEIT DER ERWARTUNG

Das Evangelium des heutigen Sonntags (Lk 21,5-19) besteht aus dem ersten Teil einer Rede Jesu: jener über die Endzeit. Jesus spricht in Jerusalem in der Nähe des Tempels; und den Anlass dazu geben ihm die Leute, die über den Tempel und dessen Schönheit sprachen. Denn jener Tempel war schön. So sagt Jesus: »Es wird eine Zeit kommen, da wird von allem, was ihr hier seht, kein Stein auf dem andern bleiben« (Lk 21,6). Jesus lenkt die Aufmerksamkeit von diesen sekundären Aspekten – wann wird es sein?, wie wird es sein? – auf die wahren Themen. Und das sind zwei. Erstens: sich nicht von den falschen Messiassen täuschen und von der Angst lähmen lassen. Zweitens: die Zeit der Erwartung als Zeit des Zeugnisses und der Standhaftigkeit leben. Und wir sind in dieser Zeit der Erwartung, der Erwartung des Kommens des Herrn.

Angelus am 17. November 2013

Odo von Cluny, Philippine Rose Duchesne,
Romanus von Cäsarea

GEBT ACHT

[Die Rede von der Endzeit] Jesu [Lk 21,5-19] ist immer aktuell, auch für uns, die wir im 21. Jahrhundert leben. Er wiederholt uns: »Gebt Acht, dass man euch nicht irreführt!‹ (V. 8). Dies ist eine Aufforderung zur Unterscheidung der Geister, zu dieser christlichen Tugend zu verstehen, wo der Geist des Herrn und wo der böse Geist ist. Auch heute nämlich gibt es falsche »Retter«, die versuchen, den Platz Jesu einzunehmen: Die »Leader« dieser Welt, Gurus, auch Hexer und Hexen, Leute, die Sinn und Herz besonders der jungen Menschen an sich ziehen wollen. Jesus warnt uns: »Lauft ihnen nicht nach!«

Angelus am 17. November 2013

IN GOTTES HÄNDEN

Der Herr hilft uns auch, keine Angst zu haben: Angesichts der Kriege, der Revolutionen, aber auch der Naturkatastrophen, der Epidemien befreit uns Jesus von Fatalismus und falschen apokalyptischen Visionen. [...] Jesus kündigt schmerzhafte Prüfungen und Verfolgungen an, die seine Jünger um seinetwillen erleiden werden müssen. Gleichwohl versichert er: »Und doch wird euch kein Haar gekrümmt werden« (V. 18). Er ruft uns in Erinnerung, dass wir ganz in Gottes Händen sind! Die Widrigkeiten, denen wir aufgrund unseres Glaubens und unseres Festhaltens am Evangelium begegnen, sind Gelegenheiten zum Zeugnis; sie dürfen uns nicht vom Herrn abbringen, sondern müssen uns dazu drängen, uns noch mehr ihm zu überlassen, der Kraft seines Geistes und seiner Gnade.

Angelus am 17. November 2013

Mittwoch

BUß- UND BETTAG
Bernward von Hildesheim,
Edmund von Ostanglien, Korbinian

20

NOVEMBER

DAS LEBEN GEWINNEN

Zum Schluss des Evangelium-Abschnittes Lk 21,19 verheißt Jesus etwas, das Garantie des Sieges ist: »Wenn ihr standhaft bleibt, werdet ihr das Leben gewinnen« (V. 19). Wie viel Hoffnung liegt doch in diesen Worten! Sie sind ein Aufruf zur Hoffnung und zur Geduld, zur Fähigkeit, die sicheren Früchte des Heils zu erwarten und dabei auf den tiefen Sinn des Lebens und der Geschichte zu vertrauen: Die Prüfungen und Schwierigkeiten sind Teil eines größeren Planes; der Herr, Herr der Geschichte, führt alles seiner Erfüllung zu. Trotz aller Wirren und allen Unglücks, die die Welt verunsichern, wird sich der Plan der Güte und des Erbarmens Gottes erfüllen! Und das ist unsere Hoffnung: so gehen, auf diesem Weg, im Plan Gottes, der sich erfüllen wird. Das ist unsere Hoffnung.

Angelus am 17. November 2013

NOVEMBER

Donnerstag

21

Unsere Liebe Frau in Jerusalem, Johannes von Meißen, Rufus von Rom

STEH AUF!

Vor dem Geheimnis des Todes sind wir alle klein und wehrlos. Welch eine Gnade jedoch, wenn wir in jenem Augenblick im Herzen die kleine Flamme des Glaubens bewahren! Jesus wird uns an der Hand fassen, wie er die Tochter des Jaïrus an der Hand fasste, und wird noch einmal sagen: »Talita kum!« »Mädchen, ich sage dir, steh auf!« (Mk 5,41). Er wird es zu uns sagen, zu einem jeden von uns: »Steh auf, erstehe auf!« Ich lade euch jetzt ein, die Augen zu schließen und an jenen Augenblick zu denken: den Augenblick unseres Todes.

Generalaudienz am 18. Oktober 2017

Cäcilia, Salvato Lilli, Philemon von Kolossä,
Aleydis (Adelheid, Elke)

DAS LICHT DER BEGEGNUNG

Jeder von uns möge an den eigenen Tod denken und möge sich jenen Augenblick vorstellen, der kommen wird, wenn Jesus uns an der Hand fassen und zu uns sagen wird: »Komm, komm mit mir, steh auf.« Dort wird die Hoffnung enden und zur Wirklichkeit werden, zur Wirklichkeit des Lebens. Denkt gut darüber nach: Jesus selbst wird zu einem jeden von uns kommen und uns an der Hand fassen mit seiner Zärtlichkeit, seiner Güte, seiner Liebe. […] Das ist unsere Hoffnung angesichts des Todes. Für den, der glaubt, ist er eine Tür, die völlig offen steht; für den, der zweifelt, ist er ein Lichtschimmer, der durch einen Spalt eindringt, der nicht völlig verschlossen ist. Für uns alle wird er jedoch eine Gnade sein, wenn das Licht der Begegnung mit Jesus uns erleuchten wird.

Generalaudienz am 18. Oktober 2017

Klemens I., Felicitas,
Kolumban der Jüngere

DEN WERT DES MENSCHEN ACHTEN

Die Armen sind nicht nur Menschen, denen wir etwas geben können. Auch sie haben uns viel zu geben, viel zu lehren. Wir haben so viel von der Weisheit der Armen zu lernen! Bedenkt, dass ein Heiliger des 18. Jahrhunderts, Benedikt Joseph Labre, der in Rom auf der Straße schlief und von den Almosen der Leute lebte, zum geistlichen Berater vieler Menschen wurde, darunter auch Adelige und Prälaten. In gewissem Sinn sind die Armen für uns wie Lehrmeister. Sie lehren uns, dass der Wert eines Menschen nicht nach seinem Besitz bemessen wird, danach, wie viel er auf seinem Bankkonto hat.

Botschaft zum 29. Weltjugendtag am 21. Januar 2014

VON DEN ARMEN LERNEN

Ein Armer, ein Mensch ohne materielle Güter behält immer seine Würde. Die Armen können uns auch viel über die Demut und das Gottvertrauen lehren. Im Gleichnis vom Pharisäer und dem Zöllner (Lk 18,9-14) stellt Jesus Letzteren als Vorbild dar, weil er demütig ist und sich als Sünder bekennt. Auch die Witwe, die zwei kleine Münzen in den Opferkasten des Tempels wirft, ist ein Beispiel der Großherzigkeit derer, die, obwohl sie wenig oder nichts besitzen, alles hergeben (vgl. Lk 21,1-4).

Botschaft zum 29. Weltjugendtag am 21. Januar 2014

Montag

NOVEMBER

25

Katharina von Alexandrien, Nils Stensen, Egbert, Elisabeth von Reute

NAHRUNG FÜR UNSEREN WEG

Auch heute fehlt es leider vielen Menschen am Notwendigen. Doch es gibt da auch die, die arm an Zuneigung sind, einsame Menschen, und jene, die arm sind vor Gott. In ihnen allen finden wir Jesus, denn Jesus hat in der Welt den Weg der Armut, der Entäußerung beschritten, wie der heilige Paulus […] sagt: »Jesus entäußerte sich und wurde wie ein Sklave« (Phil 2,7). Von der Eucharistie zu den Armen wollen wir gehen, um Jesus zu begegnen. […] Es wird uns guttun, immer daran zu denken. Das Wort, das Brot, die Armen: Bitten wir um die Gnade, nie diese »Grundnahrungsmittel« zu vergessen, die unseren Weg tragen.

Predigt zur Feier der heiligen Messe im Dall'Ara-Stadion in Bologna am 1. Oktober 2017

Konrad und Gebhard II. von Konstanz,
Ida von Köln, Adalbert von Oberalteich

JESUS FOLGEN

Fragen wir uns, ob wir Wohnzimmerchristen sind, die darüber schwatzen, wie die Dinge in der Kirche und in der Welt laufen, oder Apostel auf dem Weg, die Jesus mit dem Leben bekennen, weil sie ihn im Herzen haben. Wer Jesus bekennt, weiß, dass er nicht bloß gehalten ist, Meinungen abzugeben, sondern das Leben hinzugeben. Er weiß, dass er nicht auf laue Weise glauben kann, sondern gerufen ist, aus Liebe zu »brennen«. Er weiß, dass er im Leben nicht auf dem Wohlbefinden »dahintreiben« und es sich gut gehen lassen kann. Er muss vielmehr das Risiko eingehen, auf die hohe See hinauszufahren, indem er sich jeden Tag neu selbst hingibt. Wer Jesus bekennt, macht es wie Petrus und Paulus: Er folgt ihm bis zum Ende; nicht nur bis zu einem bestimmten Punkt, sondern bis zum Äußersten.

Homilie in der Hl. Messe und Segnung der Pallien für die neuen Metropolitan-Bischöfe am 29. Juni 2017

Mittwoch

NOVEMBER

27

Oda von Brabant (Ute),
Bilhildis von Altmünster

DAS HEIL EMPFANGEN

Die Christen sind von der Finsternis – der äußeren und auch der inneren – nicht ausgenommen. Sie leben nicht außerhalb der Welt, aber durch die Gnade Christi, die sie in der Taufe empfangen haben, sind sie »geostete« Männer und Frauen: Sie glauben nicht an die Finsternis, sondern an das Tageslicht. Sie unterliegen nicht der Nacht, sondern hoffen auf das Morgenlicht. Sie sind nicht vom Tod besiegt, sondern streben nach der Auferstehung. Sie sind nicht vom Bösen bezwungen, weil sie immer an die unendlichen Möglichkeiten des Guten glauben. Und das ist unsere christliche Hoffnung. Das Licht Jesu, das Heil, das Jesus uns mit seinem Licht bringt, rettet uns vor der Finsternis.

Generalaudienz am 2. August 2017

LICHT DER HOFFNUNG

Wir glauben, dass Gott Vater ist: Das ist das Licht! Wir sind keine Waisen, wir haben einen Vater, und unser Vater ist Gott. Wir glauben, dass Jesus zu uns gekommen ist, den Weg unseres Lebens gegangen ist, sich zum Gefährten vor allem der Armen und Schwachen gemacht hat: Das ist das Licht! Wir glauben, dass der Heilige Geist ohne Unterlass für das Wohl der Menschheit und der Welt wirkt und dass sogar die größten Schmerzen der Geschichte überwunden werden: Das ist die Hoffnung, die uns jeden Morgen wieder weckt!

Generalaudienz am 2. August 2017

NOVEMBER

Freitag

29

Friedrich von Regensburg,
Jutta von Heiligenthal, Jolanda von Aywières

IM LEBEN VORANGEHEN

Wir glauben, dass jede Zuneigung, jede Freundschaft, jeder gute Wunsch, jede Liebe, selbst die kleinsten und nachlässigsten, eines Tages ihre Erfüllung in Gott finden werden: Das ist die Kraft, die uns drängt, unser tägliches Leben mit Begeisterung anzunehmen! Und das ist unsere Hoffnung: in der Hoffnung zu leben und im Licht zu leben, im Licht Gottes, des Vaters, im Licht Jesu, des Erlösers, im Licht des Heiligen Geistes, der uns drängt, im Leben voranzugehen.

Generalaudienz am 2. August 2017

HABT KEINE ANGST!

Sprecht [...] auch zu den Heiligen, unseren Freunden im Himmel, die uns inspirieren können. So wie der heilige Andreas, den wir heute feiern. Er war ein einfacher Fischer und wurde ein großer Märtyrer, ein Zeuge der Liebe Jesu. Aber bevor er ein Märtyrer wurde, machte er seine Fehler und musste geduldig Schritt für Schritt lernen, wie man ein wahrer Jünger Christi wird. Habt auch ihr keine Angst davor, aus euren Fehlern zu lernen! Mögen die Heiligen euch zu Jesus führen und euch lehren, euer Leben in seine Hände zu legen.

Predigt in der Eucharistiefeier in der Kathedrale St. Mary's in Yangon auf der apostolischen Reise nach Myanmar und Bangladesch am 30. November 2017

Sonntag

DEZEMBER

01

1. ADVENTSSONNTAG
Charles de Foucauld,
Natalie von Nikomedien, Bianca

DEN SONNTAG FEIERN

Die sonntägliche Eucharistiefeier steht im Mittelpunkt des Lebens der Kirche. Wir Christen gehen am Sonntag zur Messe, um das Wort des Herrn zu hören, uns von seinem Tisch zu speisen und so Kirche zu werden, d. h. sein mystischer Leib. Von Anfang an versammelten sich die Jünger Jesu am Sonntag, dem Tag, an dem Christus von den Toten erstanden ist. Der Sonntag ist das wöchentliche Osterfest und heilig durch die Gegenwart des Herrn in der Eucharistie. Die Messe also macht den Sonntag zum Sonntag! Er ist Ur-Feiertag, Tag der Freude und Muße, der uns aus der Mühe und Sorge des Alltags herausnimmt. Es ist notwendig, dieses Bewusstsein in unserer säkularisierten Gesellschaft neu zu stärken, um die Bedeutung des Festes, der Freude, der Solidarität und der Erholung wiederzugewinnen.

Generalaudienz am 13. Dezember 2017

Montag

02 DEZEMBER

Luzius von Chur, Bibiana von Rom,
Jan von Ruysbroek

GEGEN DIE BEQUEMLICHKEIT

Nach dem Lukasevangelium macht Maria sich nach dem Empfang der Botschaft des Engels und ihres Ja, die Mutter des Erlösers zu werden, auf den Weg und eilt, ihre Cousine Elisabet zu besuchen, die im sechsten Monat schwanger ist (vgl. 1,36.39). Maria ist sehr jung. Was ihr verkündigt wurde, ist ein riesengroßes Geschenk, doch es bringt auch sehr große Herausforderungen mit sich. Der Herr hat ihr seine Nähe und seine Hilfe zugesagt, aber in ihrem Verstand und ihrem Herzen sind viele Dinge noch unklar. Dennoch schließt sich Maria nicht zu Hause ein, sie lässt sich nicht von der Angst oder vom Stolz lähmen. Maria ist nicht der Typ dafür, der – um es sich gut gehen zu lassen – ein Sofa braucht, auf dem man es sich bequem und gemütlich macht.

Botschaft zum 32. Weltjugendtag am 27. Februar 2017

Dienstag

DEZEMBER

03

Franz Xaver, Emma von Lesum, Johann Nepomuk von Tschiderer, Gerlind

UNSERE BERUFUNG VERTIEFEN

Die Strecke bis zum Haus der Elisabet ist lang, circa 150 Kilometer. Aber vom Heiligen Geist angetrieben kennt das Mädchen von Nazaret keine Hindernisse. Die Tage der Reise haben ihr sicher geholfen, über das wunderbare Geschehen, von dem sie betroffen war, nachzudenken. So geschieht es auch mit uns, wenn wir uns auf Pilgerfahrt begeben. Auf dem Weg kommen uns die Ereignisse unseres Lebens in den Sinn, wir können deren Bedeutung reifen lassen und unsere Berufung vertiefen, die sich dann in der Begegnung mit Gott und im Dienst an den anderen zeigt. Der Mächtige hat Großes an mir getan.

Botschaft zum 32. Weltjugendtag am 27. Februar 2017

DAS GESCHENK ANNEHMEN

Die Begegnung zwischen den beiden Frauen – dem jungen Mädchen und der alten Frau – ist von der Gegenwart des Heiligen Geistes erfüllt und voller Freude und Staunen (vgl. Lk 1,40-45). Wie die Kinder in ihren Leibern tanzen die beiden Mütter gleichsam vor Glück. Vom Glauben Marias berührt, ruft Elisabet aus: »Selig, die geglaubt hat, dass sich erfüllt, was der Herr ihr sagen ließ« (V. 45). Ja, eine der großen Gaben, welche die Jungfrau Maria erhalten hat, ist der Glaube. An Gott zu glauben ist ein unschätzbares Geschenk, es muss aber auch angenommen werden; und Elisabet preist Maria dafür. Sie antwortet ihrerseits mit dem Lobgesang des Magnifikat (vgl. Lk 1,46-55), in dem wir das Wort finden: »Der Mächtige hat Großes an mir getan« (V. 49).

Botschaft zum 32. Weltjugendtag am 27. Februar 2017

Anno II. von Köln, Philipp Rinaldi, Hartwig von Salzburg

DER GLAUBE IST DIE HERZMITTE

[Das Magnifikat] ist ein revolutionäres Gebet, das Lied eines Mädchens voll Glauben, das sich seiner Grenzen bewusst ist, aber der Barmherzigkeit Gottes vertraut. Diese mutige junge Frau dankt Gott, weil er auf ihre Niedrigkeit geschaut hat, sie dankt für sein Heilswerk, das er an seinem Volk, an den Armen und Niedrigen vollbracht hat. Der Glaube ist die Herzmitte der ganzen Geschichte Marias. Ihr Lied hilft uns, das Erbarmen des Herrn als Antriebskraft der Geschichte zu begreifen sowohl der persönlichen Geschichte eines jeden von uns als auch der ganzen Menschheit.

Botschaft zum 32. Weltjugendtag am 27. Februar 2017

Freitag

NIKOLAUS
Nikolaus von Myra, Henrika Faßbender,
Dionysia, Zefanja

06

DEZEMBER

WENN DER HERR UNS RUFT

Wenn Gott das Herz eines jungen Mannes, eines jungen Mädchens berührt, werden diese zu wirklich großen Taten fähig. Das »Große«, das der Mächtige im Leben Marias getan hat, spricht zu uns auch von unserer Reise durch das Leben, die kein sinnloses Umherziehen ist, sondern eine Pilgerschaft, die trotz aller Ungewissheiten und Leiden in Gott ihre Erfüllung finden kann (vgl. Angelus, 15. August 2015). Ihr werdet mir sagen: »Pater, ich bin doch so eingeschränkt, ich bin ein Sünder, was kann ich tun?« Wenn der Herr uns ruft, bleibt er nicht bei dem stehen, was wir sind oder getan haben.

Botschaft zum 32. Weltjugendtag am 27. Februar 2017

Samstag

DEZEMBER

07

Ambrosius von Mailand,
Gerald von Ostia

EINE SPUR IM LEBEN HINTERLASSEN

In dem Augenblick, in dem [der Herr] uns ruft, schaut er vielmehr auf das, was wir tun könnten, auf all die Liebe, die freizusetzen wir imstande sind. Wie die junge Maria könnt auch ihr es zulassen, dass euer Leben ein Werkzeug wird, um die Welt besser zu machen. Jesus ruft euch, eure Spur im Leben zu hinterlassen, eine Spur, die die Geschichte kennzeichnet – eure Geschichte und die vieler anderer (vgl. Ansprache bei der Gebetsvigil, Krakau, 30. Juli 2016).

Botschaft zum 32. Weltjugendtag am 27. Februar 2017

VERBINDLICH LEBEN

Maria ist kaum über das Jugendalter hinaus wie viele von euch. Dennoch stimmt sie im Magnifikat das Lob ihres Volkes und seiner Geschichte an. Dies zeigt uns: Jugendlicher sein bedeutet nicht, keine Verbindung zur Vergangenheit zu haben. Unsere persönliche Geschichte fügt sich in eine lange Reihe ein, in einen gemeinschaftlichen Weg, der uns in den Jahrhunderten vorangegangen ist. Wie Maria gehören auch wir einem Volk an. Und die Geschichte der Kirche lehrt uns, dass auch dann, wenn sie stürmische Meere durchquert, die Hand Gottes sie führt und schwierige Momente überwinden lässt. Die echte Erfahrung von Kirche ist nicht wie ein Flashmob, zu dem man sich verabredet, um eine Performance durchzuführen und um dann wieder seines Weges zu ziehen.

Botschaft zum 32. Weltjugendtag am 27. Februar 2017

DEZEMBER

Montag

09

MARIÄ UNBEFLECKTE EMPFÄNGNIS
Juan Diego Cuauhtlatoatzin, Liborius Wagner, Pierre Fourier

VERANTWORTUNG ÜBERNEHMEN

Die Kirche trägt eine lange Tradition in sich, die von Generation zu Generation weitergegeben wird und dabei durch die Erfahrung jedes Einzelnen bereichert wird. Auch eure Geschichte findet ihren Platz innerhalb der Geschichte der Kirche.
Die Vergangenheit im Gedächtnis behalten dient auch dazu, das neuartige Eingreifen Gottes, das er in uns und durch uns verwirklichen will, anzunehmen. Und dies hilft uns, uns zu öffnen, um als seine Werkzeuge, als Mitarbeiter seiner Heilspläne ausgewählt zu werden. Auch ihr jungen Menschen könnt Großes vollbringen, wichtige Verantwortung übernehmen, wenn ihr das barmherzige und allmächtige Handeln Gottes in eurem Leben erkennt.

Botschaft zum 32. Weltjugendtag am 27. Februar 2017

Angelina von Kruseldol,
Bruno von Rommersdorf

UNSERE HERZEN HEILEN

Ich möchte euch einige Fragen stellen: Auf welche Weise »speichert« ihr eure Erinnerung der Ereignisse, die Erfahrungen eures Lebens »ab«? Was macht ihr mit den Tatsachen und Bildern, die sich in euer Gedächtnis eingeprägt haben? Manche – besonders jene, denen von den Umständen des Lebens Wunden geschlagen wurden – hätten Lust, ein »Reset« der eigenen Vergangenheit durchzuführen und vom Recht auf das Vergessen Gebrauch zu machen. Ich möchte euch aber daran erinnern, dass es keinen Heiligen ohne Vergangenheit und keinen Sünder ohne Zukunft gibt. Die Perle entsteht aus einer Verletzung der Auster! Mit seiner Liebe kann Jesus unsere Herzen heilen und unsere Wunden in echte Perlen verwandeln. Wie der heilige Paulus sagt, kann der Herr seine Kraft in unserer Schwachheit erweisen (vgl. 2 Kor 12,9).

Botschaft zum 32. Weltjugendtag am 27. Februar 2017

Damasus I., Arthur Bell,
David von Himmerod

DEN ROTEN FADEN DER LIEBE ENTDECKEN

Unsere Erinnerungen dürfen jedoch nicht alle angehäuft sein wie im Speicher auf der Festplatte. Und es ist auch nicht möglich, alles in einer virtuellen »Cloud« abzulegen. Man muss lernen, dafür zu sorgen, dass die Geschehnisse der Vergangenheit zu einer dynamischen Wirklichkeit werden, über die man nachdenken und aus der man Lehren und Bedeutung für unsere Gegenwart und Zukunft ziehen kann. Es ist eine beschwerliche, aber notwendige Aufgabe, den roten Faden der Liebe Gottes zu entdecken, der unser ganzes Leben durchzieht.

Botschaft zum 32. Weltjugendtag am 27. Februar 2017

Donnerstag

12 DEZEMBER

Hartmann von Brixen,
Dietrich von Kremsmünster, Ida von Nivelles

ZUVERSICHT UND GELASSENHEIT

Welch eine Gnade, wenn ein Christ wirklich zum »Christo-Phorus«, also zum »Christusträger«, in der Welt wird! Vor allem für jene, die Situationen der Trauer, der Verzweiflung, der Finsternis und des Hasses erleben. Und das erkennt man an vielen kleinen Einzelheiten: an dem Licht, das ein Christ in den Augen bewahrt; an der grundlegenden Zuversicht und Gelassenheit, die nicht einmal an den schwierigsten Tagen beeinträchtigt wird; an dem Willen, wieder zu lieben zu beginnen, auch wenn man viele Enttäuschungen erfahren hat.

Generalaudienz am 2. August 2017

Luzia, Odilia (Ottilie), Jodok (Jobst, Jost), Benno Koglbauer

DIE BERUFUNG IST HEUTE!

Die Freude des Evangeliums, die uns öffnet für die Begegnung mit Gott und den Brüdern und Schwestern, kann unsere Langsamkeit und Trägheit nicht abwarten; sie berührt uns nicht, wenn wir drinnen am Fenster stehen bleiben mit der Ausrede, auf besseres Wetter zu warten; sie entfaltet sich nicht in uns, wenn wir nicht heute das Risiko einer Entscheidung eingehen. Die Berufung ist heute! Die christliche Sendung gilt der Gegenwart! Und jeder von uns ist gerufen – zum Leben als Laie in der Ehe, zu dem des Priesters im Weiheamt oder zu einem in besonderer Weise geweihten Leben –, um ein Zeuge des Herrn zu werden, hier und jetzt.

Botschaft zum 55. Weltgebetstag für geistliche Berufe am 3. Dezember 2017

Johannes vom Kreuz,
Franziska Schervier, Berthold

ÜBER DAS LEBEN BETEN

Am Ende eines jeden Tages können wir für einige Minuten innehalten, um uns an die schönen Augenblicke, an die Herausforderungen und an alles, was gut und was schlecht gelaufen ist, zu erinnern. So können wir vor Gott und uns selbst die Gefühle der Dankbarkeit, der Reue und des Vertrauens zum Ausdruck bringen. Wenn ihr wollt, könnt ihr das auch in einem Heft aufschreiben, in einer Art geistlichem Tagebuch. Das bedeutet, im Leben, mit dem Leben und über das Leben zu beten, und sicher wird es euch helfen, die großen Dinge besser zu verstehen, die der Herr für jeden von euch tut. Wie der heilige Augustinus sagte, können wir Gott in den weiten Gefilden unseres Gedächtnisses finden (vgl. Bekenntnisse, Buch X,8,12).

Botschaft zum 32. Weltjugendtag am 27. Februar 2017

Sonntag

DEZEMBER

15

3. ADVENTSSONNTAG
Christiane von Georgien (Nina), Karl Steeb (Carlo), Wunibald von Heidenheim

DER SCHATZ IN DEN GEBETEN

Wenn wir das Magnifikat lesen, wird uns bewusst, wie sehr Maria das Wort Gottes kannte. Jeder Vers dieses Liedes hat eine Parallelstelle im Alten Testament. Die junge Mutter Jesu kannte die Gebete ihres Volkes gut. Sicherlich haben ihre Eltern und Großeltern sie ihr beigebracht. Wie wichtig ist doch die Glaubensweitergabe von einer Generation an die andere! Es liegt ein verborgener Schatz in den Gebeten, die uns unsere Ahnen lehren, in der gelebten Spiritualität innerhalb der Kultur der einfachen Leute, die wir Volksfrömmigkeit nennen.

Botschaft zum 32. Weltjugendtag am 27. Februar 2017

DAS WORT GOTTES KENNEN

Maria sammelt das Glaubenserbe ihres Volkes und setzt es zu ihrem ganz eigenen Lied zusammen, das aber zugleich Lied der gesamten Kirche ist. Und die ganze Kirche singt es mit ihr. Damit auch ihr jungen Menschen ein Magnifikat singen könnt, das ganz von euch kommt, und euer Leben zu einem Geschenk für die gesamte Menschheit machen könnt, ist es wesentlich, dass ihr an die geschichtliche Tradition und das Beten derer anknüpft, die vor euch gelebt haben. Deshalb ist es auch wichtig, die Bibel – das Wort Gottes – gut zu kennen, sie jeden Tag zu lesen und mit eurem Leben in Beziehung zu setzen, das heißt die Tagesereignisse im Lichte all dessen zu lesen, was der Herr euch in der Heiligen Schrift sagt.

Botschaft zum 32. Weltjugendtag am 27. Februar 2017

Dienstag

DEZEMBER

17

Jolanda von Marienthal,
Wiwina von Brüssel (Vivina)

DANK SAGEN

Maria bringt uns auch bei, in einer eucharistischen Haltung zu leben, das heißt Dank zu sagen, das Lob Gottes zu pflegen und sich nicht nur auf Probleme und Schwierigkeiten zu versteifen. Die Bitten von heute werden in der Dynamik des Lebens morgen zum Grund des Dankes. So sind auch eure Teilnahme an der heiligen Messe und die Momente der Feier des Sakraments der Versöhnung zugleich Gipfel und Ausgangspunkt: Euer Leben wird jeden Tag in der Vergebung erneuert und zu einem immerwährenden Lob des Allmächtigen: »Vertraut dem Gedenken Gottes: [...] sein Gedächtnis ist ein Herz, das weich ist vor Mitgefühl, das Freude daran hat, jede Spur des Bösen in uns auszulöschen« (Predigt bei der heiligen Messe zum Weltjugendtag, Krakau, 31. Juli 2016).

Botschaft zum 32. Weltjugendtag am 27. Februar 2017

VOM REICHTUM DER BEGEGNUNG

Wir haben gesehen, dass das Magnifikat aus dem Herzen Marias in dem Augenblick hervorkommt, als sie ihrer alten Cousine Elisabet begegnet. Mit ihrem Glauben, ihrem scharfen Blick und ihren Worten hilft sie der Jungfrau Maria, die Größe des göttlichen Handelns in ihr und der ihr anvertrauten Sendung besser zu begreifen. Und ihr, seid ihr euch der außergewöhnlichen Quelle des Reichtums bewusst, welche die Begegnung zwischen jungen und alten Menschen darstellt? Wie viel Bedeutung messt ihr den Alten, euren Großeltern bei?

Botschaft zum 32. Weltjugendtag am 27. Februar 2017

Donnerstag

DEZEMBER

19

Konrad von Liechtenau, Petrus von Arolsen, Susanna, Benjamin

KRAFT UND GEDÄCHTNIS

[…] ihr bedürft auch der Weisheit und der Weitsicht der älteren Menschen. Während ihr die Flügel im Wind ausbreitet, ist es wichtig, dass ihr eure Wurzeln entdeckt und das Staffelholz von den Menschen übernehmt, die vor euch da waren. Um eine sinnvolle Zukunft aufzubauen, muss man die Ereignisse der Vergangenheit kennen und ihnen gegenüber Stellung beziehen (vgl. Nachsynodales Apostolisches Schreiben Amoris laetitia, 191.193). [Die jungen Menschen haben] die Kraft, die alten Menschen haben das Gedächtnis und die Weisheit. So wie Maria gegenüber Elisabet, so richtet auch ihr euren Blick auf die älteren Menschen, auf eure Großeltern. Sie werden euch Dinge erzählen, die euren Verstand begeistern und eure Herzen rühren.

Botschaft zum 32. Weltjugendtag am 27. Februar 2017

SICH DER GEGENWART STELLEN

Es ist wahr, dass ihr noch nicht viele Jahre »auf dem Buckel« habt und es euch daher schwerfallen mag, der Tradition den gebührenden Wert beizumessen. Haltet euch wohl vor Augen, dass dies nicht heißt, Traditionalist zu sein Nein! Wenn Maria im Evangelium sagt, »der Mächtige hat Großes an mir getan« (Lk 1,49), meint sie damit, dass jenes »Große« noch nicht zu Ende ist, dass es sich vielmehr weiterhin in der Gegenwart verwirklicht. Es handelt sich nicht um eine ferne Vergangenheit

Botschaft zum 32. Weltjugendtag am 27. Februar 2017

Samstag

DEZEMBER

21

WINTERANFANG

Micha, Richard von Adwerth

EIN GESCHENK DES HIMMELS

Die Vergangenheit im Gedächtnis behalten zu können heißt nicht, nostalgisch zu sein oder an einer bestimmten Zeit der Geschichte zu hängen, sondern seine eigenen Ursprünge erkennen zu können, um immer zum Wesentlichen zurückzukehren und sich mit schöpferischer Treue in den Aufbau neuer Zeiten hineinzustürzen. Es wäre ärgerlich und würde niemandem helfen, wenn wir eine lähmende Erinnerung beibehielten, die immer dieselben Dinge auf die gleiche Weise tun lässt. Ein Geschenk des Himmels ist es dagegen zu sehen, dass viele von euch mit ihrem Nachforschen, ihren Träumen und Fragen gegen die Vorstellung angehen, dass die Dinge nicht auch anders sein können.

Botschaft zum 32. Weltjugendtag am 27. Februar 2017

LASST EUCH NICHT TÄUSCHEN!

Eine Gesellschaft, die nur die Gegenwart gelten lässt, neigt auch dazu, all das gering zu schätzen, was man aus der Vergangenheit ererbt, wie zum Beispiel die Einrichtung der Ehe, des geweihten Lebens und des Priesterberufs. Diese werden dann schließlich als bedeutungslos angesehen, als Auslaufmodelle. Man meint besser in sogenannten »offenen« Situationen zu leben und sich im Leben wie in einer Realityshow zu verhalten, ohne Ziel und Zweck. Lasst euch nicht täuschen! Gott ist gekommen, um die Horizonte unseres Lebens in jeder Hinsicht zu erweitern. Er hilft uns, der Vergangenheit den gebührenden Wert zu geben, um eine glückliche Zukunft besser gestalten zu können: Das ist aber nur möglich, wenn man die Liebe authentisch lebt – in Erfahrungen, die sich darin verwirklichen.

Botschaft zum 32. Weltjugendtag am 27. Februar 2017

Montag

DEZEMBER

23

Johannes von Krakau, Viktoria von Rom, Dagobert II., Ivo von Chartes

INMITTEN DER DUNKELHEIT

Der Sohn Gottes musste in einem Stall zur Welt kommen, weil die Seinen keinen Platz für ihn hatten. »Er kam in sein Eigentum, aber die Seinen nahmen ihn nicht auf« (Joh 1,11). Und dort ... inmitten der Dunkelheit einer Stadt, die für den weit gereisten Fremden weder Raum noch Platz hat, inmitten der Dunkelheit einer sehr bewegten Stadt, die, wie es in diesem Fall scheint, dadurch aufgebaut wird, dass jeder nur auf sich bedacht ist, gerade dort entzündet sich der revolutionäre Funke der Zärtlichkeit Gottes. In Betlehem tat sich da ein kleiner Lichtblick auf für jene, die ihr Land, ihre Heimat und ihre Träume verloren haben; sogar für jene, die der Erstickung eines in sich verschlossenen Lebens verfallen waren.

Predigt in der hl. Messe am Hochfest der Geburt des Herrn am 24. Dezember 2017

HOFFNUNG SCHÖPFEN

Maria »gebar ihren Sohn, den Erstgeborenen. Sie wickelte ihn in Windeln und legte ihn in eine Krippe, weil in der Herberge kein Platz für sie war« (Lk 2,7). Mit diesem einfachen, aber klaren Satz führt uns Lukas ins Zentrum der Heiligen Nacht: Sie gebar ihren Sohn. Durch Maria erblickte Jesus das Licht der Welt, ja, Maria schenkt uns das Licht der Welt. Eine schlichte Erzählung, die uns eintauchen lässt in jenes Ereignis, das für immer unsere Geschichte verändert. Alles in dieser Nacht wurde zum lichten Hoffnungsquell.

Predigt in der hl. Messe am Hochfest der Geburt des Herrn am 24. Dezember 2017

DAS WORT HÖREN

[Im] Prolog des Evangeliums des heiligen Johannes [wird verkündet]: »Das Wort – und zwar das schöpferische Wort Gottes – ist Fleisch geworden und hat unter uns gewohnt« (Joh 1,14). Jenes Wort, das im Himmel seine Wohnstatt hat, das heißt in der Dimension Gottes, ist auf Erden gekommen, damit wir es hören und die Liebe des Vaters erkennen und mit Händen berühren können. Das Wort Gottes ist sein eingeborener Sohn selbst, der Mensch geworden ist, voll Liebe und Treue (vgl. Joh 1,14), es ist Jesus selbst.

Angelus am 3. Januar 2016

DIE TÜR FÜR JESUS ÖFFNEN

Das Wort ist das Licht, und dennoch haben die Menschen der Finsternis den Vorzug gegeben; das Wort kam unter die Seinen, doch sie haben es nicht aufgenommen (vgl. Joh 1,9-10). Sie haben dem Sohn Gottes die Türen verschlossen. Das ist das Geheimnis des Bösen, das auch unserem Leben nachstellt und unsererseits Wachsamkeit und Aufmerksamkeit erfordert, damit es nicht die Vorherrschaft gewinnt. Im Buch Genesis steht ein schöner Satz, der uns das verstehen lässt: Es heißt, dass das Böse »an der Tür lauert« (vgl. 4,7). Wehe uns, wenn wir es eintreten lassen; dann wäre es das Böse, das unsere Tür vor jedem anderen verschließt. Wir hingegen sind dazu aufgerufen, die Tür unseres Herzens weit für das Wort Gottes, für Jesus aufzumachen, um so seine Kinder zu werden.

Angelus am 3. Januar 2016

DEZEMBER

Freitag

27

Apostel und Evangelist Johannes,
Fabiola von Rom, Rudger

TRÄGER DER HOFFNUNG SEIN

Die Hoffnung ist keine Tugend für satte Menschen. Daher waren die Armen schon immer die ersten Träger der Hoffnung. Und in diesem Sinne können wir sagen, dass die Armen, auch die Bettler, die Protagonisten der Geschichte sind. Um in die Welt einzutreten, brauchte Gott sie: Josef und Maria, die Hirten von Betlehem. In der ersten Weihnachtsnacht schlief die Welt, gebettet in vielen Gewissheiten, die man erlangt hatte. Aber die Demütigen bereiteten im Verborgenen die Revolution der Güte vor. Sie waren arm an allem, einige lebten knapp über dem Existenzminimum, aber sie waren reich am kostbarsten Gut, das es auf der Welt gibt: dem Willen zur Veränderung.

Generalaudienz am 27. September 2017

Samstag

UNSCHULDIGE KINDER
Hermann und Otto von Niederaltaich,
Julius von Rom

28 DEZEMBER

IM HERZEN BEREIT SEIN

Alles im Leben zu haben ist manchmal ein Unglück. Denkt an einen jungen Menschen, der nicht die Tugend des Wartens und der Geduld gelernt hat, der nichts im Schweiße seines Angesichts erreichen musste, der alles rasch bekommen hat und mit 20 Jahren bereits weiß, »wie die Welt funktioniert«; er ist zur schlimmsten Verdammnis bestimmt: keine Wünsche mehr zu haben. Das ist die schlimmste Verdammnis. Den Wünschen, den Träumen die Tür zu verschließen. Er scheint ein junger Mensch zu sein, in Wirklichkeit ist in seinem Herzen bereits der Herbst eingezogen. Es sind die jungen Menschen des Herbstes.

Generalaudienz am 27. September 2017

DEZEMBER

Sonntag

29

FEST DER HEILIGEN FAMILIE

Thomas Becket, Tamar(a), Lothar I., David, Isai (Jesse)

DIE REALITÄT ERKENNEN

Am heutigen ersten Sonntag nach Weihnachten lädt uns die Liturgie ein, das Fest der Heiligen Familie von Nazareth zu feiern. Tatsächlich zeigt uns jede Krippe Jesus gemeinsam mit der Gottesmutter und dem heiligen Josef in der Grotte von Bethlehem. Gott wollte in einer menschlichen Familie geboren werden, er wollte eine Mutter und einen Vater haben wie wir. Und heute zeigt uns das Evangelium die Heilige Familie auf dem schmerzlichen Weg ins Exil, auf der Suche nach einer Zuflucht in Ägypten. Josef, Maria und Jesus erleben die dramatische Situation der Flüchtlinge, die von Angst, Ungewissheit und Not gezeichnet ist (vgl. Mt 2,13-15.19-23). Leider können sich in unseren Tagen Millionen von Familien in dieser traurigen Realität wiedererkennen.

Angelus am 29. Dezember 2013

Montag

30 DEZEMBER

Richard von Arnsberg, Felix I., Sabinus von Spoleto, Germar von Fly

HEIMAT FINDEN

Jesus wollte zu einer Familie gehören, die diese Schwierigkeiten erfahren hat, damit sich niemand von der liebevollen Nähe Gottes ausgeschlossen fühlt. Die Flucht nach Ägypten aufgrund der Bedrohungen durch Herodes zeigt uns, dass Gott dort ist, wo der Mensch in Gefahr ist, wo der Mensch leidet, wo er flüchtet, wo er Ablehnung und Verlassenheit erfährt; doch Gott ist auch dort, wo der Mensch träumt, wo er hofft, in Freiheit in seine Heimat zurückzukehren, wo er für das Leben und die Würde seiner selbst sowie seiner Familienangehörigen Pläne schmiedet und Entscheidungen trifft.

Angelus am 29. Dezember 2013

Dienstag

DEZEMBER

31

SILVESTER
Silvester I., Melanie die Jüngere, Apollonia Radermecher

DER HOFFNUNG DIENEN

Im Kind von Betlehem kommt Gott uns entgegen, um uns zu Protagonisten des uns umgebenden Lebens zu machen. Er schenkt sich uns, damit wir ihn in die Arme nehmen, damit wir ihn hochheben und umarmen – damit wir in ihm uns nicht scheuen, den Dürstenden, den Fremden, den Nackten, den Kranken und den Gefangenen in die Arme zu nehmen, sie aufzurichten und zu umarmen (vgl. Mt 25,35-36). »Habt keine Angst! Öffnet, ja reißt die Tore weit auf für Christus.« In diesem Kind lädt Gott uns ein, der Hoffnung zu dienen.

Predigt in der hl. Messe am Hochfest der Geburt des Herrn am 24. Dezember 2017

Bibliografische Information der Deutschen Nationalbibliothek
Die Deutsche Nationalbibliothek verzeichnet diese Publikation in der Deutschen Nationalbibliografie; detaillierte bibliografische Daten sind im Internet über http://dnb.d-nb.de abrufbar.

Besuchen Sie uns im Internet unter:
www.st-benno.de

Gern informieren wir Sie unverbindlich und aktuell auch in unserem Newsletter zum Verlagsprogramm, zu Neuerscheinungen und Aktionen. Einfach anmelden unter www.st-benno.de

ISBN 978-3-7462-5035-9

Zusammengestellt von Volker Bauch, Leipzig
Umschlaggestaltung: Ulrike Vetter, Leipzig

Gesamtherstellung: Kontext, Lemsel (A)